BASTEI
LÜBBE
TASCHENBUCH

Weitere Titel des Autors:

Was ist grün und steht vor der Tür? Ein Klopfsalat! Miese Witze Vol. 1
Stirbt ein Bediensteter während der Dienstreise, so ist damit die Dienstreise beendet

Über den Autor:

Norbert Golluch ist ein vielseitig interessierter Mensch mit viel Humor. Er hat unzählige Bücher veröffentlicht, die den geballten realen Irrsinn dieser Welt zum Thema haben. Seine semi-dokumentarische Stoffsammlung *Stirbt ein Bediensteter während der Dienstreise, so ist damit die Dienstreise beendet* ist 2009 zum Bestseller geworden.

Norbert Golluch

TOTAL VERGURKT!

Die dümmsten EU-Verordnungen

BASTEI LÜBBE
TASCHENBUCH

BASTEI LÜBBE TASCHENBUCH
Band 60 805

1. Auflage: November 2014

Dieser Titel ist auch als E-Book erschienen.

FSC
www.fsc.org
MIX
Papier aus verantwortungsvollen Quellen
FSC® C014496

Originalausgabe

Textredaktion: Matthias Auer
Titelillustration: © shutterstock/fotografos;
© shutterstock/My Life Graphic; © shutterstock/Gruffi
Umschlaggestaltung: Christiane Hahn, www.christianehahn.de
Satz: Urban SatzKonzept, Düsseldorf
Gesetzt aus der Garamond
Druck und Verarbeitung: GGP Media GmbH, Pößneck
Printed in Germany
ISBN 978-3-404-60805-8

Sie finden uns im Internet unter
www.luebbe.de
Bitte beachten Sie auch: www.lesejury.de

Inhalt

Vorwort: Die Leiden eines Autors an Europa

Es war albtraumhaft: Können Sie sich vorstellen, einen Text in Ihrer Muttersprache zu lesen, ohne bei der ersten Lektüre irgendetwas zu verstehen außer Bahnhof?

Das aber ist die bittere Realität, wenn Sie sich mit Verordnungen, Richtlinien, Erlassen und Sitzungsprotokollen der EU befassen. Beispiel gefällig?

Delegierte Richtlinie 2014/72/EU der Kommission vom 13. März 2014 zur Änderung – zwecks Anpassung an den technischen Fortschritt – des Anhangs III der Richtlinie 2011/65/EU des Europäischen Parlaments und des Rates hinsichtlich einer Ausnahme für Blei in Loten und Anschlussbeschichtungen von elektrischen und elektronischen Bauteilen und Beschichtungen von Leiterplatten zur Verwendung in Zündungsmodulen und anderen elektrischen und elektronischen Motorsteuerungssystemen …

Oder auch:

Durchführungsverordnung (EU) Nr. 288/2014 der Kommission vom 25. Februar 2014 zur Festlegung von Vorschriften gemäß der Verordnung (EU) Nr. 1303/2013 des Europäischen Parlaments und des Rates mit gemeinsamen Bestimmungen über den Europäischen Fonds für regionale Entwicklung, den Europäischen Sozialfonds, den Kohäsionsfonds, den Europäischen

Landwirtschaftsfonds für die Entwicklung des ländlichen Raums und den Europäischen Meeres- und Fischereifonds sowie mit allgemeinen Bestimmungen über den Europäischen Fonds für regionale Entwicklung, den Europäischen Sozialfonds, den Kohäsionsfonds und den Europäischen Meeres- und Fischereifonds im Hinblick auf Muster für operationelle Programme im Rahmen des Ziels »Investitionen in Wachstum und Beschäftigung« und gemäß der Verordnung (EU) Nr. 1299/2013 des Europäischen Parlaments und des Rates mit besonderen Bestimmungen zur Unterstützung des Ziels »Europäische territoriale Zusammenarbeit« aus dem Europäischen Fonds für regionale Entwicklung im Hinblick auf das Muster für operationelle Programme im Rahmen des Ziels »Europäische territoriale Zusammenarbeit« …

In Abschnitt 10 dieses 48 Seiten umfassenden Verordnungs-Monsters geht es dann übrigens um den Bürokratieabbau, wobei sich ganze vier oder fünf Zeilen zu diesem Thema finden.

Oder ein bezeichnender Auszug aus der DIN EN 12586, der sogenannten Schnullerketten-Verordnung:

Wenn eine Schnur (ausgenommen eine Befestigung formende Schnur) vor oder während den in 6.1.4.1. und 6.1.4.2. beschriebenen Prüfungen der Breite des Bandes so exponiert wird, dass es nicht mehr bedeckt ist, muss bei der Prüfung nach 6.1.4.4. die größte Gesamtlänge der freien Schnur (einschließlich aller zur Anbringung eines Ergänzungsteils benutzten Schnüre) 15 mm betragen.

Alles klar? Nein? Dann werden Sie sicher verstehen, dass sich beim Autor während der Arbeit an diesem Buch des Öfteren

Verwirrungszustände und Anfälle von Geistesstörung einstellten. Das ist unter diesen Umständen ganz normal. Bitte üben Sie sich also etwas in Nachsicht, wenn an irgendeiner Stelle der Amtsschimmel, auf dem der Autor ritt, mit ihm durchgegangen sein mag. Immer wieder hat das Mistvieh ihn aber auch abgeworfen und ihm sogar üble Huftritte versetzt. Sie werden schon sehen …

Zudem ist es möglich, dass er an manchen Stellen den allzu verwinkelten Gedankengängen erleuchteter EU-Bürokraten nicht zu folgen vermochte und im Stadium laienhaften Irrtums verhaftet blieb – wie der einfältige Gläubige angesichts päpstlicher Unfehlbarkeit.

Apropos: War da nicht mal irgendwas mit mehr Bürgernähe?

Sei's drum. Nun aber gleich zur Sache.

EU-Bestimmungen: Hahaha, was haben wir gelacht!

Ungläubiges Kopfschütteln und humoreskes Schenkelklopfen über die seltsamen Kommunikationsstrukturen und kuriosen Ideen von EU-Bürokraten ist nicht nur in Deutschland weit verbreitet. Sätze wie »Die spinnen wohl, die da in Brüssel!« – in allen europäischen Sprachen geäußert – sind oft die einzige angemessene Reaktion auf Regelungen, die für einen ganzen Kontinent gelten und natürlich keinesfalls der Erheiterung als vielmehr der großflächigen Regulierung des staatlichen und zwischenstaatlichen Zusammenlebens dienen sollen.

Dabei gilt es allerdings zu bedenken: Wenn es um bürokratische Ergüsse geht, ist Qualität nicht immer das oberste Kriterium. Das wäre indes nicht weiter tragisch, wenn die betreffenden Texte nur vielfach kopiert, registriert, gestempelt, zwischen Aktendeckeln abgeheftet und dann in irgendeinem Archiv endgelagert würden. Dort wären sie wirkungslos und könnten keinen Schaden anrichten. Aber auch absurde administrative Erzeugnisse aus nur schwach erhellten Amtsstuben ziehen eben ernste Folgen nach sich und haben langfristige Auswirkungen auf uns alle. Das gilt es, sich klarzumachen, nachdem man herzlich darüber gelacht hat. Bei Heiterkeit sollte man es also nicht belassen, sondern Einfluss zu nehmen versuchen, und wenn auch nur, um das Schlimmste zu verhindern …

Anders gesagt: Über manche der im Folgenden angeführten Beispiele kann man sich also mit allem Recht der Welt kringeln vor Lachen, wie zum Beispiel über die Sache mit den Schnullerketten – *besonders* über die Sache mit den Schnullerketten, wie Sie im Folgenden nachlesen können. Ernster wird es bereits bei den Energiesparlampen, wobei offenbar Zusammenhänge nicht zu Ende gedacht wurden und Lobbyinteressen sinnvolle Regelungen verhindert haben. So wie es auch, als weiteres Beispiel, das durch die Presse ging, 2013 im Fall der ab 2020 gültigen CO_2-Grenzwerte für Automobile geschehen ist: In diesem wichtigen Zusammenhang war die EU endlich einmal auf dem richtigen Weg – bis Mutti Merkel, wohl geplagt von Zweifeln an der Innovationskraft der deutschen Autoindustrie, die vorliegende Textfassung im Sinne von BMW und Daimler – und gegen den Klimaschutz Partei ergreifend – blockierte und noch einmal einen Aufschub für Spritfresser erwirkte. Das hinderte sie allerdings dann nicht daran, die betreffende Regelung als großartigen Fortschritt zu feiern. (Nebenbei: Alle Politiker feiern jede ihrer Taten als großartigen Fortschritt.) Immerhin, zumindest auf dem Papier werden Autos in den kommenden Jahren sparsamer.

Fazit: Jenseits des Spaßfaktors ist es immer wichtig, sich mit den Fakten und Folgen auseinanderzusetzen und in der einen oder anderen Weise Stellung zu beziehen – sei es als bewusster Konsument oder bei Europawahlen!

Welche Marke fahren Sie übrigens? Apropos: Kohlendioxidausstoß pro Kilometer?

Albtraum in Endlosschleife: Was erwartet der EU-Bürger von der EU?

Überall haben sie ihre bürokratischen Griffel, die überbezahlten und unfähigen EU-Bürokraten. Die kuriosesten Gesetze und Erlasse denken sie sich aus, um hilflose Bürger zu schikanieren und zu drangsalieren. Mit allem muss man rechnen:

»EU-Kommission erlässt neue Schlachtregelung für Kinder ...«

Na, na, na, das geht dann doch etwas zu weit. Natürlich korrigierte sich HR-Sprecher Peter Lemke nach diesem Versprecher sofort und machte aus dem menschlichen Nachwuchs wieder Hornochsen, nämlich Rinder. Böswillige Zeitgenossen allerdings könnten annehmen, dass dieser Medienmann möglicherweise – Freud'scher Versprecher – aber auch genau das artikuliert hat, was der EU-Bürger von der Europäischen Union erwartet – nämlich nichts als Verwirrung, Chaos und Horror.

Nein, in der Tat, Bürgernähe ist ihr Ding nicht, und auf Volkes Stimme hört die EU-Kommission nicht einmal ansatzweise. Auch mit dem gesunden Menschenverstand ist sie bisher noch keine Allianz eingegangen. Vieles von dem, was sie bereits realisiert hat und zukünftig umsetzen will, besitzt beachtliches (Real-)Satirepotenzial. Wie sonst wäre es zu erklären, dass man zwischen tatsächlicher Gesetzestat und von Journalisten in humoristischer Absicht erdachten Fake-Erlassen so schlecht unterscheiden kann? Bei weitem nicht nur der Gurken-Erlass war total vergurkt, wie die folgenden Seiten belegen werden. Wobei der, genau genommen, eigentlich gar nicht aus der Feder von EU-Bürokraten stammt, aber trotzdem eben zu einer Art Markenzeichen für europäische Unfähigkeit wurde ...

Was die EU so alles reguliert

Zuletzt berichtete die Presse über Horrorbilder in neuer Größe auf Zigarettenschachteln, vierfarbige Lungenkarzinome, faule Zähne, Krebsgeschwüre im Rachen und schwarz schwärende Raucherbeine. Werden eigentlich demnächst auch auf Wahlscheinen (zum Beispiel auch für das EU-Parlament) abschreckende Fotos von Politikern und Politikerinnen mit einem gewissen Gefahrenpotenzial zu sehen sein? In den vergangenen Jahren wären Silvana Koch-Mehrin und Jorgo Chatzimarkakis ideale Kandidaten gewesen, oder – in der Bundespolitik – auch Annette Schavan (»Vorsicht! Politik kann zur Enthüllung unangenehmer akademischer Geheimnisse führen!«) bzw. Rainer Brüderle (Prosit). Bildnisse von Karl-Theodor Maria Nikolaus Johann Jacob Philipp Franz Joseph Sylvester Freiherr von und zu Guttenberg mit entsprechendem Kommentar hätten allerdings nur auf großflächige Plakatwände gepasst. Der absolute Knaller *internazionale* aber wäre vermutlich Silvio Berlusconi gewesen (»Attenzione! Italienische Politiker stehen womöglich in Verbindung mit der Mafia und sind immer wieder in Bunga-Bunga-Affären verwickelt!«). Für Wahlkampfslogans wäre dann jedoch auf den Werbeplakaten kaum noch Platz gewesen – was wiederum nicht unbedingt zum Nachteil gereicht hätte, weil diese Simpel-Schlagwörter meist ohnehin so gut wie nichts aussagen.

Natürlich wird dies aber nicht geschehen, eher werden auf Senfgurken Warnungen vor der Gefahr des Erstickens bei nicht sachgerechtem Verzehr und auf Klobürsten Hinweise wie »Nicht zum Reinigen der Zähne geeignet!« aufgedruckt.

Wenn wir einmal davon ausgehen, dass die EU einst mit einem Vorschuss an Vertrauen bei den Bürgern an den Start gegangen ist – ein großes Europa der Vaterländer, kulturell vielfältig und mit einer gewichtigen Stimme in der Welt, ein territorialer Großraum ohne Grenzen, mit Handel und Wandel ohne Zollschranken und einer Währung für alle, bei derartigen Vorstellungen kann man als EU-Bürger ja schon ins Schwärmen geraten –, so haben die politischen Vertreter der EU und ihre Bürokraten leider über die Jahre und Jahrzehnte jedes noch so positive Image durch ihre fragwürdigen und zum Teil recht unsinnigen Aktivitäten verwässert und die Liebe zur Idee in ihr Gegenteil umschlagen lassen. Das beginnt schon beim Umfang ihrer textlichen Einlassungen mit Rechtscharakter:

Das Vaterunser hat 56 Wörter, die Zehn Gebote haben 297 und die amerikanische Unabhängigkeitserklärung 300. Aber eine Verordnung der EWG-Kommission über den Import von Karamellen und Karamellprodukten zieht sich über 25 911 Wörter hin.

Eine schöne Argumentationslinie, in der Tat, aber die Sache hat einen Haken: Die obige Formulierung ist zwar ein Originalzitat, aber eine EU-Verordnung über den Import von Karamellbonbons gibt es nicht. Mit diesem so überzeugenden Vergleich wurde Alwin Münchmeyer, damals Präsident des Bundesverbandes deutscher Banken 1974 im *Spiegel* zitiert, die betreffende Verordnung hat er sich, in ironischer Absicht, aber nur ausgedacht. Später übernahmen dennoch zahlreiche

Politiker und Journalisten, unter ihnen Franz Josef Strauß oder auch Bodo H. Hauser und Ulrich Kienzle, die scheinbar so bezeichnende Beweisführung zum Nachteil der EU, eben weil sie so aussagekräftig ist.

Auch wenn der Verweis auf die angeblich 25 911 Worte der Karamellbonbon-Verordnung gut klingt und seine Wirkung tut, eine solche Anweisung zum Thema Plombenzieher braucht es gar nicht, es gibt hinreichend andere Beispiele des bürokratischen Blödsinns, den EU-Beamte verzapften und immer noch verzapfen. Es existieren – und diese Aufzählung ist keineswegs vollständig – ungemein wortreiche Vorschläge, Empfehlungen oder Vorschriften für

- die Länge von Schnullerketten
- den Durchmesser von Äpfeln
- den Inhalt von Schweineställen
- die Zündneigung von Zigaretten
- die Eigenschaften von Pizza

(hierbei handelt es sich um ein besonders aufwändiges Bürokratieprojekt, man könnte schon fast an eine Pizza-Connection denken ...)

- das Fassungsvermögen von Kondomen
- die Kostenerstattung für Viagra für EU-Beamte (schließlich haben sie auch sonst einiges durchzustehen ...)
- die Schutzhelmpflicht für Seiltänzer
- die Farbe von Notdienst- und Rettungswagen
- die Nutzung von Teebeuteln
- die Sonnenscheindauer für Arbeitnehmer

(und im Zusammenhang damit die optimale Fläche des Dekolletés von Biergarten-Kellnerinnen ...)

- die Veröffentlichung von Tierbildern im Internet

- die Form und Farbe von Führerscheinen
- die Berufsbezeichnung von Tagesmüttern (»Lebensmittelunternehmerinnen«).

Und dies ist nur kleiner Ausschnitt aus dem großartigen Schaffen von zahllosen engagierten Mitarbeitern an EU-Schreibtischen. Aber mal ehrlich: Hätten Sie von Beamten etwas anderes erwartet?

Wie die EU reguliert

Eine wichtige Begriffsklärung vorab, bevor es in die detaillierte Darstellung der EU-Großtaten geht: Der Gesetzgeber Europäische Union äußert sich mithilfe zweier Rechtsakte: Es gibt EU-Richtlinien und EU-Verordnungen. Beides sind effektive bürokratische Waffen und sollten eigentlich von der Genfer Konvention als unsinnig und unmenschlich verboten werden – meinen deren Kritiker.

EU-Richtlinien setzen den Mitgliedsstaaten sozusagen die Pistole auf die Brust: Bis zum Soundsovielten des Jahres zweitausend-x müsst ihr, nationale Parlamente, die Regelungen der EU in Gesetze gießen. Das geschieht zwar nicht immer in allen EU-Staaten zu 100 %, versetzt aber wiederum zahllose nationale Parlamentarier, deren Mitarbeiter und zahllose ausführende Beamte in einen hektischen bürokratischen Schaffensrausch mit manchmal unabsehbaren Folgen. Gelingt die Umsetzung, wird es zum Beispiel mancherorts zappenduster, so geschehen infolge der gefürchteten Ökodesign-Richtlinie 2005/32/EG – Glühbirnenverbot.

EU-Verordnungen hingegen sind von unmittelbar durchschlagender Wirkung: Jede noch so intellektuell randständige Regelung, die als EU-Verordnung in die Welt gesetzt wird, ist augenblicklich in der gesamten Europäischen Union geltendes Recht.

Klare Regelung? Nur zwei gesetzgeberische Instrumente? An sich ja, aber damit sind die Bürokraten ja noch nicht fertig. Ob Richtlinie oder Verordnung, der verwaltende Beamte hat erst dann Spaß an seinen Ergüssen, wenn es richtig schön kompliziert wird. Jedes Gesetz braucht Durchführungsbestimmungen, und die heißen in der EU auch – Verordnungen. Wie könnte man besser Chaos anrichten? Zwei unterschiedliche Dinge mit derselben Bezeichnung – das ist Kultbürokratie!

Durchführungsbestimmungen oder eben -verordnungen werden von der EU-Kommission erlassen, der Rat der Gemeinschaft ermächtigt sie dazu. Die unterschiedlichen nationalen Regierungen haben ein Mitspracherecht, eine Vielzahl von Beamten aus den nationalen Ministerien erfreut sich an der Mitarbeit in Ausschüssen und darf sich bei der Formulierung der wunderschönsten Verordnungen einbringen. Ausschüsse sind sozusagen Swingerclubs der Bürokratie. Jeder treibt es exzessiv mit jedem.

Genug Chaos? Nein! Da wäre auch noch eine gewisse Auswahl an weiteren Rechtsinstrumenten, welche sich die Papierkrieger ausgedacht haben, zum Beispiel der Beschluss und der Rahmenbeschluss. Allerdings driften wir hier in Bereiche ab, die das ungeschulte bürokratische Gehirn nicht erfassen kann, ja, der einfache EU-Bürger könnte gar geistigen und seelischen

Schaden nehmen, wenn er sich tiefer in dieses Labyrinth vorwagte, was dieses Buch keinesfalls zum Ziel hat. Bleiben wir lieber gesund – und ein wenig unwissend, wenn es gar zu sehr um Spitzfindigkeiten geht …

Die EU in Feld, Wald und Wiese

Gleichgültig, ob der Wanderer in einem EU-Land seinen Fuß auf eine wilde Wiese setzt, ob er Ackerland durchschreitet oder durch einen Garten wandelt – irgendeine EU-Verordnung regelt bestimmt irgendetwas, ohne dass irgendjemand, und schon gar nicht besagter EU-Bürger auf Wanderschaft, darum gebeten hätte. Aber so ist das nun einmal: Wer, ohne die konkreten Folgen zu bedenken, ein Bürokratie-Monster in die Welt setzt (ja, da ist es wieder, jetzt in freier Wildbahn), muss sich nicht wundern, wenn es anschließend umherirrt, nach Beute lechzt und schließlich irgendwo im hintersten Winkel seine Krallen in ein nichtsahnendes Opfers schlägt.

Auf die Sau gekommen: Die EU räumt auf im Schweinestall

Ach, die gute alte Zeit! Jahrhundertelang lebten Schwein und Bauer ohne jede Vorschrift einträchtig zusammen – beide konnten nicht lesen, was ihre Zufriedenheit noch steigerte; beide fühlten sich wohl unter der Sonne ihres einfachen Universums, das Schwein in seinem Stall, der Bauer in seiner Kate. Was das Schwein anging, nahm das Wohlgefühl allerdings meist ein abruptes Ende. Die Harmonie war nämlich für eine der beiden Parteien trügerisch, die Liaison endete mit ihrem gewaltsamen Ableben, und weitaus häufiger war davon das Schwein als der Bauer betroffen. Aber alles Gute hat eben einmal ein Ende, und bis dahin suhlte sich auch das Schwein im Schlamm archaischer Regellosigkeit. Irgendwann allerdings meinten Brüssels Bürokraten, dass es so einfach nicht weitergehen könne, und begannen an bürokratischen Fesseln zu stricken ...

Und so trat die Verordnung Richtlinie 91/630/EWG des Rates vom 19. November 1991 über Mindestanforderungen für den Schutz von Schweinen in Kraft. In diesem Meisterwerk eines oder vielleicht auch mehrerer Schreibtischtäter wird dies und das geregelt, zum Beispiel auch, wer überhaupt was ist. Zu beachten ist hier vor allem der Punkt 10 – ordnet sich doch dort die zuständige Behörde recht eigentlich besehen unter den Schweinen ein:

Im Sinne dieser Richtlinie sind

1. *»Schweine«: Tiere der Gattung Schwein jedes Alters für Zucht- bzw. Mastzwecke;*
2. *»Eber«: geschlechtsreife männliche Schweine, die zur Zucht bestimmt sind;*
3. *»Jungsauen«: geschlechtsreife weibliche Schweine vor dem ersten Wurf;*
4. *»Sauen«: weibliche Schweine nach dem ersten Wurf;*
5. *»säugende Sauen«: weibliche Schweine vom Beginn der perinatalen Phase bis zum Absetzen der Saugferkel;*
6. *»trockengestellte und trächtige Muttertiere«: Sauen vom Zeitpunkt des Absetzens bis zur perinatalen Phase;*
7. *»Saugferkel«: Ferkel vom Zeitpunkt der Geburt bis zum Absetzen;*
8. *»Absatzferkel«: abgesetzte Ferkel bis zum Alter von zehn Wochen;*
9. *»Mastschweine/Zuchtläufer«: Schweine vom Alter von zehn Wochen bis zur Schlachtung bzw. zum Decken;*

10. *»zuständige Behörde«: die zuständige Behörde im Sinne des Artikels 2 Nummer 6 der Richtlinie 90/425/EWG (6).*

Da es nun kein Problem mehr ist, Ross bzw. Sau und Reiter bzw. Beamte zu benennen, kann man ins Detail einsteigen. So muss der EU-Landwirt etwa dafür sorgen, dass den Schweinen in ihrem Koben »manipulierbares Material« zur Verfügung steht, also Heu, Stroh oder Kompost, damit die Tiere sich artgerecht einrichten können. Das wird ihm nicht ganz leichtfallen, wenn man einen Blick darauf wirft, wie viel Raum den Schweinen laut EU in ihrem Stall zusteht. Schöner Wohnen ist da kaum zu realisieren:

Die uneingeschränkt benutzbare Bodenfläche, die jedem Absatzferkel oder Mastschwein/Zuchtläufer in Gruppenhaltung zur Verfügung stehen muss, muss mindestens folgende Größe haben:

- *0,15 m² bei einem Durchschnittsgewicht der Schweine von bis zu 10 kg,*
- *0,20 m² bei einem Durchschnittsgewicht der Schweine von 10 bis 20 kg,*
- *0,30 m² bei einem Durchschnittsgewicht der Schweine von 20 bis 30 kg,*
- *0,40 m² bei einem Durchschnittsgewicht der Schweine von 30 bis 50 kg,*
- *0,55 m² bei einem Durchschnittsgewicht der Schweine von 50 bis 85 kg,*
- *0,65 m² bei einem Durchschnittsgewicht der Schweine von 85 bis 110 kg,*
- *1,00 m² bei einem Durchschnittsgewicht der Schweine von über 110 kg.*

Einmal ganz abgesehen von dem generell skandalös geringen Platzangebot für die künftigen Schnitzellieferanten: ob 0,05 m² mehr Lebensraum das 12-Kilogramm-Schwein wirklich glücklicher machen als das 10-Kilogramm-Schwein mit 0,05 m² weniger? Ob das 108-Kilogramm-Schwein nicht vor Neid erblasst, wenn es sieht, dass das 111-Kilogramm-Schwein über 0,35 m² Standfläche mehr verfügt? Aber vielleicht versteht das 108-Kilogramm-Schwein, dass das 111-Kilogramm-Schwein diese 0,35 m² Standfläche dringend benötigt, um seine letzten Dinge zu regeln, denn dieser eine Quadratmeter ist die letzte Station, bevor Porky Pig zu einer ungewissen Reise aufbrechen muss …

Die Folgen in der Praxis

EU-Verordnung macht Bauern wahnsinnig – Gestern wurde der ostfriesische Landwirt Hauke R. (53) mit einem Nervenzusammenbruch, neudeutsch *Burnout,* in das landwirtschaftliche Sanatorium »Ruhige Scholle« in Norden/Ostfriesland eingewiesen. Er hatte über mehrere Wochen versucht, in seinen Stallungen die Einhaltung der Richtlinie 91/630/EWG für jedes einzelne Schwein zu überprüfen, wobei angesichts der großen Zahl – 12 000 Stück – gewisse Schwierigkeiten auftraten. Auch sahen die einzelnen Tiere den Sinn der Richtlinie nicht ein und weigerten sich beharrlich, die ihnen zugewiesene Bodenfläche korrekt einzunehmen. Sie drängten sich immer wieder auf viel zu engem Raum zusammen oder benutzten als Einzeltiere viel zu große, ihnen gar nicht zustehende Freiflächen, was bei Hauke R. zum sogenannten »Bauer sucht Sau«-Syndrom führte. Der Agronom wird nun mit zwölf anderen Landwirten in der Therapiegruppe »Miss Piggy« einer Desensibilisierungs-Behandlung unterzogen.

»Vogelgrippe«: Bürokraten im Hühnerstall

Nein, nicht nur das Schwein bedarf des Schutzes durch die EU – auch das in Krisensituationen als kopflos bekannte Hühnervolk kann nur gewinnen, wenn EU-Beamte beschwörende Gesetzesworte zu seinem Wohl verfassen und zum Beispiel endlich einmal klar und eindeutig definieren, was eine Legehenne ist, legten doch Millionen und Abermillionen Hennen bisher Eier, ohne die geringste Ahnung zu haben, wer sie überhaupt sind. Parallel läuft vermutlich ein Alphabetisierungsprogramm für Hennen, dem sich mancher Landwirt anschließen sollte, um den Text der folgenden Verordnung besser verinnerlichen zu können:

Auszug aus der Verordnung zum Schutz landwirtschaftlicher Nutztiere und anderer zur Erzeugung tierischer Produkte gehaltener Tiere bei ihrer Haltung (Tierschutz-Nutztierhaltungsverordnung – TierSchNutztV), bei der EU bekannt unter 2001/312/D:

§ 2 Begriffsbestimmungen

...

4. *Legehennen: legereife Hennen der Art Gallus gallus, die zur Erzeugung von Eiern, die nicht für Vermehrungszwecke bestimmt sind, gehalten werden.*
5. *Nest: ein gesonderter Bereich zur Eiablage.*

...

8. Kaltscharrraum: witterungsgeschützter, mit einer flüssigkeitsundurchlässigen Bodenplatte versehener, nicht der Klimaführung des Stalles unterliegender Teil der Stallgrundfläche, der vom Stallgebäude räumlich abgetrennt, den Legehennen unmittelbar zugänglich und mit Einstreumaterial ausgestattet ist

Sind das nicht Worte von großer Schönheit? Vermehrungszwecke…, Einstreumaterial…, Kaltscharrraum – gibt es eigentlich auch einen Warmscharrraum? Ach ja, das klärt doch die folgende Bauernregel:

Der Landfrau tut's das Herz zerreißen,
sieht sie das Huhn aufs Sofa scheißen…

Die Folgen in der Praxis

Leider vergaßen die Beamten, das Hühnerei und sein sprachliches Umfeld zu definieren, ein Versäumnis, das man unbedingt vor den Europäischen Gerichtshof bringen sollte. Hier ein paar Vorschläge für eine Erweiterung der oben genannten Verordnung, welche dieses Problem souverän beseitigt:

13. *Ei: Keimzelle von Vögeln der Art Gallus gallus, meist als Hühner bekannt, zunächst erzeugt mit der Absicht der Vermehrung selbiger Art und ursprünglich dazu bestimmt, dem Brutvorgang zugeführt zu werden.*
14. *Das natürliche Ei besteht aus drei Teilen: Schale, Eiweiß und Eigelb.*
15. *Frühstücksei: Keimzelle von Vögeln der Art Gallus gallus, die durch Hitzeexposition von 2–6 Minuten Dauer mittels kochendem Wasser nach Entfernung der Kalkschale zum menschlichen Verzehr geeignet gemacht wird; man unterscheidet*
16. *das weichgekochte Ei (ovum mollum, 2–4 Minuten) vom*
17. *hartgekochten Ei (ovum durum, 4–6 Minuten), nicht zu verwechseln mit dem*
18. *Weichei (homo degeneratus).*
19. *Zum Verzehr wird das Ei meist in einen eigens dafür kon-*

struierten Behälter, den sogenannten Eierbecher gestellt und mit Kochsalz (Natriumchlorid) bestreut. Obwohl sträflicherweise noch keine DIN-Norm für Eierbecher existiert, sollten derartige Behältnisse über eine Höhe von minimal 120 mm über Tischkante und einen Durchmesser zwischen 45 und 55 mm verfügen.

20. *Rührei: durch Aufschlagen und Erhitzen unter Beimengung von Milch, Natriumchlorid und anderen Zutaten nahrungstauglich gemachte Keimzellen von Vögeln der Art Gallus gallus; während des Erhitzens wird die natürliche Struktur des Eies (Eigelb und Eiweiß) durch intensives Durchmengen zerstört, sodass ein einheitlicher, gelber bis goldgelber Nahrungsbrei entsteht.*
21. *Spiegelei: durch Erhitzen in der Pfanne unter Beibehaltung der natürlichen Struktur des Eies (Eigelb und Eiweiß) nahrungstauglich gemachte Keimzelle von Vögeln der Art Gallus gallus; auffälligstes Merkmal ist die Aufteilung des Spiegeleies: außen eine weiße, leicht transparente, unregelmäßig begrenzte Fläche aus gestocktem Eiweiß, häufig mit karamellisiertem Rand, innen ein kissenförmiger, gelber bis goldgelber Kern mit flüssigem bis bissfestem Innenteil.*

Eine solche Ergänzung würde das ewige Herumeiern rund um das Hühnerei endlich beenden!

Schwalben-Verordnung: Schluss mit Vögeln im Stall!

Was für ein Chaos in europäischen Ställen! Da laufen nicht nur Nutztiere und Bauern kreuz und quer durcheinander, nein, ohne jede Rücksicht auf das Ordnungsbedürfnis der europäischen Bürokratie drängen auch noch von außen kommende wilde Tiere in die schützenden landwirtschaftlichen Tierbehausungen. Vor allem stören diese im Kuhstall bei einem sehr intimen Akt zwischen Rindvieh und Landwirt, nämlich beim Melken. Hier greift – was für ein Segen – die EU-Richtlinie 89/362 ordnend ein: Während des Melkens sind »Geflügel, Nagetiere und Ungeziefer« im selben Raum verboten. Nichts hat zu krabbeln, zu nagen oder zu flattern, wenn der Bauer bzw. die Melkmaschine zur Sache geht.

Doch da wäre ein flugtaugliches und vielerorts gegenwärtiges Problem auf dem Lande: die Schwalben. Die könnte man zum Geflügel zählen oder als fliegendes Ungeziefer begreifen. So jedenfalls sah das ein Beamter der Kärntner Landesregierung und wollte durchsetzen, dass alle Schwalben aus Österreichs Kuhställen zu verschwinden haben. Basta!

Ja bitte, geht's noch?, fragen sich da die »Landlust«-Leserin und der leicht nostalgische Naturfreund konsterniert. Schwalben fressen doch Unmengen von Fliegen und anderen lästigen und unhygienischen Insekten – soll der Bauer auf ihre Mitarbeit auf dem Hof verzichten? Und schließlich gehören sie obendrein doch irgendwie zur ländlichen Folklore.

Nein, die EU hatte ein Einsehen, dass Schwalbenverbot wurde nicht durchgesetzt. Ein Sieg des gesunden Menschenverstandes? Wohl kaum, eher kommen wir ins Grübeln: Wenn die EU-Richtlinie 89/362 einheitliche Hygienestandards während des Melkvorgangs festlegt und die Schwalben dennoch bleiben dürfen – warum dann nicht auch Hühner, Enten und Gänse? Welches von den Federviechern hat es am einfachsten, die frische Milch zu versauen? Hühner, Enten und Gänse vielleicht?

Die laufen nur auf dem Boden herum und hinterlassen da möglicherweise Unappetitliches. Aber welche Tierart hat als einzige die Chance, in eleganten Kunstflugschleifen die dunggeschwängerte Luft durchmessend gezielt in die Milchkanne zu kacken? Die Schwalben natürlich.

Deshalb unsere Forderung: Schwalben raus aus dem Stall! Oder Hühner, Enten und Gänse wieder rein! Oder ... Ach, ist doch egal, so ein Quatsch ...

Die Folgen in der Praxis

Da die Schwalben-Regelung ja nicht verabschiedet wurde: keine. Wenn man sich aber vorstellt, was geschehen wäre, wenn ... Hier der Katalog möglicher Lösungen bei der Umsetzung:

- Die Landbevölkerung hätte es machen können wie Hunderttausende Eigenheimbesitzer auch: Alle Schwalbennester radikal entfernen! Das wäre zwar auf die Ausrottung der Art (vermutlich Mehlschwalbe) hinausgelaufen, aber eine schöne Aufgabe für die Landjugend gewesen. Vermutlich wären jedoch die untrainierten Dorfbewohner reihenweise von der Leiter gefallen, weil sie mittlerweile Facebook bedienen, twittern, skypen und stundenlang What's-appen können, aber nicht mehr fensterln. Wozu auch? Für Sex gibt es doch Pornoseiten und Webcams!
- Die mittlere Generation, traditionsbewusste Bewahrer der Schützenkultur, hätten mit der Waffe in der Hand ein fröhliches Vogelschießen im Sinne der EU veranstalten können, vor jedem Stall, und zwar so lange, bis sich keine einzige Schwalbe mehr hätte blicken lassen. Der mit den meisten abgeschossenen Schwalben wäre der Schützenkönig.

- Eine weitere Alternative wären Schwalbenschleusen vor jeder Stalltür gewesen, in der einfachen Version einem Mückengitter nicht unähnlich, eine schöne Möglichkeit bietend, der mittelständischen Wirtschaft neue Aufgabenfelder zu erschließen. Die Hightech-Schwalbenschleuse »Swallow-Ex« mit Bauernerkennung, Lichtsensoren und pfeilschnellem Laserstrahl-Eliminator hätte ein Marktrenner werden können …
- Auch die kränkelnde Pflanzenschutz-Industrie hätte von neuen Aufträgen profitieren können, das Anti-Schwalben-Spray »Hirundinidex«, in der Großpackung auch vom Spritzenwagen der örtlichen freiwilligen Feuerwehr aus ausbringbar, hätte ohnehin mit Chemie vertraute Landwirte sicher überzeugt.
- Und letztlich hätte man auch noch bei der Schwalbe ansetzen können: Alphabetisierungskurse, organisiert zum Beispiel von den NABU-Vogelfreunden, hätten es möglich gemacht, die sicherlich zur Kooperation bereiten Tiere mit Warnschildern in Einflughöhe von ihrem schändlichen Tun abzuhalten.
- Auch die Anschaffung von Falken, Sperbern und Schleiereulen für jeden Kuhstall wäre zu erwägen. Da allerdings beißt sich der Schnabel in den Schwanz, denn diese Raubvögel müssten während des Melkvorgangs ebenfalls den Stall verlassen.

Gleichgültig, welche Methode der betreffende Milchproduzent gewählt hätte: Mit dem Aufdruck »Garantiert schwalbenfrei!« wäre es möglich gewesen, den Preis gegenüber den Mitbewerbern deutlich anzuheben. Deutsche Konsumenten zahlen ja schließlich auch für so unsinnige Aufdrucke wie »Frei von Gluten und Ammoniak« oder »Erfrischungsgetränk enthält natürlichen Sauerstoff« und den Grünen Punkt.

Sündenfall: Die EU-Norm für Äpfel

Wäre es nach der EU-Bürokratie gegangen, so hätte diese fatale Geschichte mit Adam, Eva und dem Obst vom Baum der Erkenntnis (nach neuesten Studien kein Apfel!) überhaupt nicht stattfinden können, weil die verbotene Frucht garantiert irgendeiner EU-Norm nicht entsprochen hätte. In diese paradiesische Situation des völligen Fehlens von Normen möchte der Naturschutzbund Deutschland (NABU) gern zurück, weshalb er die Farb- und Formenfreiheit für Äpfel und Birnen fordert. Aber noch gilt in der Europäischen Union die

Durchführungsverordnung (EU) Nr. 543/2011 der Kommission vom 7. Juni 2011 mit Durchführungsbestimmungen zur Verordnung (EG) Nr. 1234/2007 des Rates für die Sektoren Obst und Gemüse und Verarbeitungserzeugnisse aus Obst und Gemüse

Nicht nur, dass für alle Sorten und Klassen eine Mindestgröße von sechs Zentimetern Durchmesser und ein Mindestgewicht von 90 Gramm vorgeschrieben ist – Apfelbäume haben sich bei der Herstellung ihrer Früchte für die Klasse Extra auch an folgende Farbvorgaben zu halten:

Die Äpfel müssen folgende sortentypische Mindestfärbung aufweisen:
3/4 der Gesamtfläche mit roter Färbung in der Färbungsgruppe A,
1/2 der Gesamtfläche mit gemischtroter Färbung in der Färbungsgruppe B,
1/3 der Gesamtfläche mit leicht rot verwaschener oder rot gestreifter Färbung in der Färbungsgruppe C.

Wie bitte, fragt sich der Obstzüchter, erkläre ich's meinem Apfelbaum?

Zu allem Überfluss müssen Äpfel der Klasse Extra auch noch die folgenden Bedingungen erfüllen:

Das Fruchtfleisch muss frei von allen Mängeln sein.

Sie dürfen keine Mängel aufweisen mit Ausnahme sehr leichter oberflächlicher Schalenfehler, sofern diese das allgemeine Regelaussehen der Erzeugnisse und ihre Qualität, Haltbarkeit und Aufmachung im Packstück nicht beeinträchtigen:
- *sehr leichte Schalenfehler,*
- *sehr leichte Berostung,*
- *bräunliche Flecken, nur in der Stielgrube und nicht gerunzelt, und/oder*
- *vereinzelte leichte Berostung.*

Wem nützt diese Bestimmung? Natürlich uns, den Konsumenten! Wer will schon Rost auf seinem Leckerbissen? ...

Die Folgen in der Praxis

Jedes Mal, wenn ich Äpfel einkaufen gehe, läuft das etwa so ab: Ich gehe in meinen Supermarkt und spreche jemanden am Obststand an: »Hallo, meine liebe Einzelhandelsfrüchtefachverkäuferin, ich erwäge die Anschaffung eines Apfels. Es soll eine Frucht der Färbungsgruppe A sein, zumindest an der Oberfläche gerötet, frei von Mängeln im Fruchtfleisch, vielleicht mit einem neckischen kleinen Schalenfehler, und eine leichte Berostung will ich ihm auch zugestehen, wenn nur die Stielgrube nicht gerunzelt ist. Haben Sie so ein Produkt im Angebot?«

»Aber natürlich! Alle unsere Äpfel wurden von einem amtlich beglaubigten Pomologen geprüft, Sie erhalten ein schriftliches Zertifikat, das Ihnen bescheinigt, dass Ihr Apfel der Verordnung (EG) Nr. 1234/2007 in allen Kriterien entspricht. Außerdem wurden alle unsere Früchte der Klasse Extra im Magnetresonanztomographen auf Würmer untersucht und unter Verwendung naturbelassener Merinowolle von Hand auf Hochglanz poliert. Sollten Sie nicht zufrieden sein, gewährt Ihnen unser Haus eine 24-Stunden-vor-Ort-Garantie für die Dauer von zwölf Monaten. Rufen Sie einfach unsere Apple-Hotline an, geben Sie das Kaufdatum und die Seriennummer Ihres Apfel durch, und keine sechs Stunden später steht unser Pomologe vom Dienst mit einem Austauschapfel vor Ihrer Haustür ...«

So lieben wir Verbraucher das.

Kein Wunder, dass man unter derartig paradiesischen Umständen auch den letzten noch vom Urgroßvater eigenhändig gepflanzten Apfelbaum im eigenen Garten fällen lässt. Dabei stößt die ausführende Gartenbaufirma allerdings auf ein neues Problem, das mit Holz (oder vielleicht auch mit Holzköpfen) zu tun hat, spätestens dann, wenn das anfallende Holz verwertet werden soll ...

Versägt: EU-Richtlinie zur Sortierung von Rohholz

Holz ist nicht gleich Holz, das weiß jeder, wenn er nicht ein Brett vor dem Kopf hat, und wer beruflich mit Bäumen und deren Endprodukt Holz zu tun hat, erlebt es jeden Tag aufs Neue. Mittlerweile aber steht der Förster buchstäblich hilflos im Wald, denn die sogenannte Forst-HKS, in Deutschland mit

40-jähriger Tradition, ist im Grunde abgeschafft. Was sollte er nun tun, der Mann in Grün, ohne die Handelsklassen für das Rohholz?

Die Verabschiedung der Forst-HKS war damals eine bedeutende Sache; sie legte die gesetzlichen Handelsklassen für Rohholz fest und umfasste das Bundesgesetz von 1969 (Forst-HKLG) mit der ausführenden Verordnung (Forst-HKLV) und der Anlage zu § 1 der Verordnung (Forst-HKS). Basis der Forst-HKS war die EWG-Richtlinie (68/89) zur innereuropäischen Angleichung der Rechtsvorschriften für die Rohholzsortierung aus dem Jahr 1968.

Die in diesem Falle heftig deregulierende EU-Bürokratie hob diese Richtlinie indes mit Wirkung zum Jahresende 2008 auf, und nun steht der Förster seit dem 1. Januar 2009 allein im Walde bzw. auf weiter Flur, ohne beamtensprachliche Maximen, die ihm mit Formulierungen von geradezu ätherischer Schönheit wie der folgenden seine Welt erklärten:

»Die Abholzigkeit wird festgelegt, indem man die Differenz zwischen den Durchmessern des Langholzes in einem Abstand von 1 m der beiden Enden – in Zentimetern gemessen und nach unten abgerundet – durch die in Metern mit einer Dezimalstelle ausgedrückte Entfernung zwischen den Durchmessern teilt. Die Abholzigkeit wird in Zentimetern mit einer Dezimalstelle pro Meter ausgedrückt.«

Die Folgen in der Praxis

Da hatte man mal was Handfestes, und was tun diese Bürokraten da? Jetzt sieht man den Wald vor lauter Bäumen nicht mehr, überall suchen aus schierer Verzweiflung betrunkene Holzfäller, geistesgestörte Holzerntemaschinenführer und desorientierte Forstbeamte nach neuem Sinn, geplagt vom Bewusstsein unregulierter Abholzigkeit. Allerorten Bäume, die ungehindert dem Wildwuchs frönen oder sich nicht mehr zu wachsen trauen, sollten sie zu eher ängstlichen Arten gehören wie die Zitterpappel. So etwas passiert, wenn immer mehr Holzköpfe in der EU-Bürokratie deregulieren und wichtige Verordnungen streichen. Wie sie es auch machen, es ist eben nie richtig.

Inzwischen ruft schon die ganze EU kollektiv nach neuen Maximen für die Abholzigkeit ...

Nachts nur mit Muskelkraft: Die EU regelt das Rasenmähen

Nicht nur im Wald – auch auf der Wiese ist der EU-Bürger hilflos ohne seine EU-Bürokratie. Nachdem es in bestimmten Vorstadtbereichen europäischer Metropolen immer wieder zu bürgerkriegsähnlichen Zuständen gekommen ist, weil sich Nachbarn nicht auf einen temporär abgestimmten und sozialverträglichen Modus der maschinellen Rasenkürzung einigen konnten – sprich zu falschen Zeiten den Rasen gemäht haben –, sahen sich die Retter der gesamteuropäischen Sicherheit gezwungen, strenge generelle Regelungen zu erlassen. Jedenfalls wollen wir einmal einen solchen Zusammenhang annehmen – was sonst mag die Bürokraten bewogen haben, sich um eine solche Petitesse zu kümmern, die eigentlich jede Gemeinde vor Ort problemlos für sich regeln könnte?

Die Lärmschutzverordnung der EU, gültig auch für Hobbygärtner, geht hart zur Sache und hat den Gesetzgeber der Bundesrepublik Deutschland gezwungen, neue Richtlinien zu erlassen. Und das hat die gehorsame deutsche Legislative in der bekannten und beliebten, an Aberwitz grenzenden Gründlichkeit denn auch getan: In der neuen Geräte- und Maschinenlärmschutzverordnung (kurz 32. Bundesimmissionsschutzverordnung) legt sie im Detail fest, wie und wann man mithilfe von Gartengeräten Lärm erzeugen darf und wann nicht.

Mehr noch: Damit keine Irrtümer aufkommen, werden die Geräte, die von dieser Neuregelung betroffen sind, namentlich benannt. Es handelt sich dabei übrigens nicht ausschließlich um die allgemein üblichen motorisierten Gartengeräte, sondern es sind einige Maschinen darunter, welche Sie möglicherweise noch gar nicht für effektive Gartenaktionen in Betracht gezogen haben – um Ihre Nachbarn während der erlaubten Betriebszeiten damit um den letzten Nerv zu bringen. Da bieten sich zum Beispiel auch so effektiv röhrende, hämmernde und kreischende Werkzeuge wie der Laubbläser, der Fugenschneider oder die heftig wummernde Verdichtungsmaschine mit Explosionsstampfer an. Verschaffen Sie sich in Ihrem eigenen Interesse bitte einen Überblick über die ganze Maschinerie potenzieller nachbarschaftlicher Lärmbelästigung. Allerdings muss darauf aufmerksam gemacht werden, dass Sie sich hier am Anfang eines Aufzählungsmarathons befinden, den nur extrem trainierte Bürokraten ohne geistigen Schaden überstehen können:

1. *Hubarbeitsbühne mit Verbrennungsmotor*
2. *Freischneider*

3. *Bauaufzug für den Materialtransport mit*
   3.1. *Verbrennungsmotor*
   3.2. *Elektromotor*
4. *Baustellenbandsägemaschine*
5. *Baustellenkreissägemaschine*
6. *Tragbare Motorkettensäge*
7. *Kombiniertes Hochdruckspül- und Saugfahrzeug*
8. *Verdichtungsmaschine in der Bauart von*
   8.1. *Vibrationswalzen und nichtvibrierenden Walzen, Rüttelplatten und Vibrationsstampfer*
   8.2. *Explosionsstampfer*

Da ist er ja, der Explosionsstampfer ... Puh, ist das anstrengend! Die Originalliste enthält 57 Geräte und Fahrzeuge! Deshalb greift der Autor hier zur Notwehr und streicht alles, was nicht unmittelbar mit ganz gewöhnlichen Tätigkeiten in Haus und Garten zu tun hat. Die Verordnung gilt im heimischen Rahmen für Bohrgerät, Altglassammelbehälter, Grastrimmer, Graskantenschneider, Heckenschere, Rasenmäher (mit Ausnahme von land- und forstwirtschaftlichen Geräten, Mehrzweckgeräten, deren Hauptantrieb eine installierte Leistung von mehr als 20 kW aufweist), Rasentrimmer, Rasenkantenschneider, Laubbläser und rollbare Müllbehälter. Sie sehen also, Sie können nicht ein einziges Gerät in die Hand oder in Betrieb nehmen, ohne damit eine EU-Vorschrift auf den Plan zu rufen.

Für die hier genannten und die insgesamt 57 Gerätschaften gelten folgende einfache Regelungen:

§ 7 Betrieb in Wohngebieten

(1) In reinen, allgemeinen und besonderen Wohngebieten, Kleinsiedlungsgebieten, Sondergebieten, die der Erholung dienen, Kur- und Klinikgebieten und Gebieten für die Fremdenbeherbergung nach den §§ 2, 3, 4, 4a, 10 und 11 Abs. 2 der Baunutzungsverordnung sowie auf dem Gelände von Krankenhäusern und Pflegeanstalten dürfen im Freien

1. *Geräte und Maschinen nach dem Anhang an Sonn- und Feiertagen ganztägig sowie an Werktagen in der Zeit von 20.00 Uhr bis 07.00 Uhr nicht betrieben werden,*
2. *Geräte und Maschinen nach dem Anhang Nr. 02, 24, 34 und 35 an Werktagen auch in der Zeit von 07.00 Uhr bis 09.00 Uhr, von 13.00 Uhr bis 15.00 Uhr und von 17.00 Uhr bis 20.00 Uhr nicht betrieben werden, es sei denn, dass für die Geräte und Maschinen das gemeinschaftliche Umweltzeichen nach den Artikeln 7 und 9 der Verordnung Nr. 1980/2000 des Europäischen Parlaments und des Rates vom 17. Juli 2000 zur Revision des gemeinschaftlichen Systems zur Vergabe eines Umweltzeichens (ABl. EG Nr. L 237 S. 1) vergeben worden ist und sie mit dem Umweltzeichen nach Artikel 8 der Verordnung Nr. 1980/2000/EG gekennzeichnet sind.*

Jetzt ist doch alles sonnenklar.

Sie haben Nummer 32, den *Rasenmäher (mit Ausnahme von land- und forstwirtschaftlichen Geräten, Mehrzweckgeräten, deren Hauptantrieb eine installierte Leistung vom mehr als 20 kW aufweist)* bereits aus der Garage geholt? Es ist nicht 07.00 Uhr bis 09.00 Uhr, nicht 13.00 Uhr bis 15.00 Uhr und schon gar nicht 17.00 Uhr bis 20.00 Uhr? Dann können Sie ja getrost loslegen!

Ach so, Sie dürfen das sowieso, weil Ihr Gerät das grün-blaue EU-Umweltzeichen (die Pflanze mit den EU-Sternen) trägt, jeden Tag von 7.00 Uhr bis 20.00 Uhr, sogar samstags! Sind Sie sich da sicher? Sie wollen doch nicht wegen einer Ordnungswidrigkeit ... äh ... Ja, was denn eigentlich? Knöllchen von der Rasen-Stasi? Konfiszierter Rasenmäher?

Auf keinen Fall sollten Sie vergessen:

Für Geräte und Maschinen nach dem Anhang, die vor dem 6. September 2002 in Verkehr gebracht oder in Betrieb genommen worden sind, gelten nur § 7 Abs. 1 und 2 sowie § 9 Abs. 2 – was immer die auch besagen mögen ...

Eine unbeantwortete Frage behält der wache Zeitgenosse allerdings stets im Hinterkopf: Warum hat der Gesetzgeber nicht das ganze Gelumpe gleich auf einmal verboten? Wer braucht schon Millimeterrasen, außer Golfer? Wachsen lassen, dann sieht man wenigstens die Gartenzwerge nicht!

Die Folgen in der Praxis

Es ist wie mit vielen Dingen: Wenn der Nachbar am ersten sonnigen Märznachmittag sofort seinen verrotteten Motorrasenmäher aus dem Winterschlaf zerrt und dieser stotternd und verharztes Altöl speiend die zarten Frühlingsgefühle zerhäckselt – denken Sie da nicht auch: »Verdammt, du Gartenzwerge züchtender Bastard, kannst du nicht die schwachen, gerade gekeimten Pflänzchen mal wenigstens ein paar Tage wachsen lassen, bevor du sie gnadenlos enthauptest?« Häufig fallen in diesem Zusammenhang die Bezeichnungen für den Nachbarn aber auch deutlich rustikaler aus.

Wie weggeblasen hingegen sind diese bösen Gedanken, wie aus dem Gehirn gewaschen ist Ihre Einstellung zu Wachstum und Natur, wenn Sie am nächsten Tag Ihren sorgfältig winterfest gemachten Wolf Ambition 530 A HW mit Advanced Cut and Collect System aus dem Hangar holen und die gesamte Nachbarschaft im Umkreis von zwei Kilometern mit seinem sagenhaften Sound beglücken. Wussten Sie übrigens, dass (Gianni) Ferrari Rasenmäher baut? Wie wäre es mit dem Rasentraktor GTM 160 mit 16 PS für satte 8400 Euro?

Nein, ein wenig Lärmbegrenzung schadet nicht, und nein, es bilden sich keine neuartigen terroristischen Vereinigungen, die sich »Deutsche Powermäher« oder »Grasstutzer-Guerilleros« nennen und die Al Kaida oder den Taliban an Konsequenz in nichts nachstehen. Der zivilisierte europäische Kleingärtner explodiert nicht, er verlagert seinen Frust nach innen, richtet seine Desillusionierung gegen sich selbst. Deshalb wird es bei künftig allzu strengen Mähverboten oder noch unverständlicheren EU-Bestimmungen zu neuen Formen psychischer Störungen kommen: Die Herbidophobie (Angst vor Gras und Rasen) könnte an Bedeutung und Verbreitung gewinnen, so wie auch die Angst, verfrüht ins Gras zu beißen (prätemporäre Nekrophobie), wenn die Rasenmäher noch leiser werden sollten, als sie es ohnehin schon sind.

Sie wollen aber unbedingt einen gemähten Rasen und haben keine Lust auf Lärmschutzverordnungen? Nehmen Sie doch einfach Opas Handrasenmäher – mit dem dürfen Sie mähen, wann Sie wollen, auch mitten in der Nacht, sogar zu Halloween. Gehen Sie doch einfach als Rasenmähermann ... Da fällt mir ein, auch die Freundschaft mit Tim Burtons »Edward mit den Scherenhänden« hat in diesen Zeiten gewisse Vorteile.

»1984« mal anders: Der kriminelle EU-Kleingärtner

Mähen ja, säen nein. Genauer gesagt, nur unter bestimmten Bedingungen … Der EU-Kleingärtner darf mit Muskelkraft zwar nahezu immer mähen, sollte aber nur säen dürfen, wenn er offiziell zugelassenes Saatgut verwendet. Die Weitergabe von selbstgezogenem Samen sollte ihn zum Kriminellen machen, selbst wenn er die Samenkörner verschenkte. So zumindest plante es zunächst die EU-Kommission, die im Rahmen einer Gesetzesinitiative versuchte, den kompletten gartentechnischen Überwachungsstaat einzuführen. Schluss mit selbst aus der Hülse gepulten Saaterbsen, weg mit Sonnenblumen- und sogar mit Apfelkernen! Der Handel und die Weitergabe nicht registrierter Saatgutsorten selbst in kleinen Mengen sollte untersagt werden.

Wer wachen Verstandes ist, erkennt den großen Plan dahinter: Zunächst wird die Wasserversorgung privatisiert, damit sich Konzerne an einem weiteren Grundbedürfnis der Menschen dumm und dämlich verdienen können. Danach kommt das Saatgut – und dann? Vermutlich die Atemluft. Das können Sie sich nicht vorstellen? Warten Sie mal ab! Es werden Zeiten kommen, da beziehen Sie Ihre Atemluft im Druckbehälter von BASF oder Air Liquide.

Bleiben wir aber erst mal beim Saatgut. Wer hat Vorteile von einem solchen Überwachungssystem? Wer mag wohl dahinterstecken? Für wen arbeitet die »EU-Behörde für Pflanzenvielfalt«?

Diese Behörde mit der euphemistischen Selbstbezeichnung (denn sie arbeitet schließlich für alles andere als für die Pflanzenvielfalt) führt eine »Liste der zugelassenen Pflanzen«, die natürlich gebührenpflichtig ist: Gegen eine jährliche Zahlung bleibt eine Pflanze auf der Liste, wer nicht zahlt, darf auch anbauen.

Ähnliche Regelungen soll es auch für italienische Kaffeemaschinen geben – wer den Betrag für den Wartungsvertrag (nur Böswillige nennen so etwas Schutzgeld) nicht bezahlt, dem könnte im kommenden Jahr vielleicht das neue Cabrio ausbrennen ... Auch Pferdeköpfe spielen in dieser seltsamen Geschäftsbeziehung eine Rolle. Nein, gemeint ist nicht das Pferdchen von Ferrari. Lassen wir das, Sie verstehen schon.

Zurück zum Saatgut. Konzerne schaffen den mit der Registrierung ihrer Sämereien verbundenen bürokratischen Aufwand mit links und zahlen die Gebühren aus der Portokasse. Kleine Saatgutproduzenten und vielleicht sogar die Gärtnerei an der Ecke müssen jedoch Zeit und Geld für etwas aufwenden, das ihnen keinen Nutzen bringt und zumindest für sie überhaupt ohne jeden Sinn ist.

Fragen wir also noch einmal: Wer hat Vorteile davon? Monsanto, Syngenta, BASF, DuPont und andere Saatgutkonzerne etwa? Nein, nein, ein Schelm, wer Arges dabei denkt, diese seriösen Unternehmen würden doch nur gaaaanz zufällig davon profitieren, dass alte und seltene Saatgutsorten nun nicht mehr von jedermann selbst gezüchtet und vermehrt werden dürfen. So will es eben das Gesetz. Da kann man auch als Multi nichts machen. Professionelle Landwirte und Gärtner dürfen nur noch amtlich zugelassenes Saatgut verwenden und verkaufen. Und damit Schluss der Diskussion.

Massive Proteste haben immerhin zu dem Erfolg geführt, dass kleine Produzenten auch weiterhin nicht registrierte Gemüsesamen anpflanzen und liefern dürfen. Allerdings nur solche Betriebe, die weniger als zehn Angestellte haben – und somit absolut bedeutungslos sind. Unklar bleibt, wie die Qualität der Sämereien mit der Anzahl der Mitarbeiter zusammenhängt.

Auch Privatgärtner dürfen unregistriertes Saatgut gewinnen, in ihren Behausungen aufheben und untereinander austauschen (oh, Dank sei dir, großer Bruder!), ohne dadurch gleich in die Kriminalität abzurutschen. Es funktioniert so ähnlich wie beim Marihuana – der Besitz für den Eigenbedarf wird geduldet, der Handel ist streng verboten.

Saatgutbanken, zum Beispiel zu wissenschaftlichen Zwecken betrieben, dürfen gnädigerweise die Samen unregistrierter Pflanzenarten vorhalten und vermehren, werden aber künftig gegen die Gesetze verstoßen, wenn sie diese öffentlich zugänglich machen.

Die Folgen in der Praxis

Noch ist diese quasi-mafiöse Regelung nicht Realität. Merken Sie sich aber unbedingt den offiziellen Namen des vorgeschlagenen Gesetzes: »Entwurf einer Verordnung des Europäischen Parlaments und des Rates über die Produktion und Markt-Bereitstellung von pflanzlichem Reproduktionsmaterial«. So verschwiemelt formuliert die EU-Bürokratie einen weiteren Schritt in Richtung auf einen Überwachungsstaat.

Wie kommt der Hobbygärtner nach Verabschiedung einer

solch restriktiven Verordnung aber an genau die Sämereien, die er möchte?

- Vielleicht wird sich die Guerilla-Gardening-Bewegung, bisher eher eine Spaßgruppierung, radikalisieren und jeden Tag aufs Neue gegen diese unsinnige Verordnung verstoßen – Körnchen um Körnchen!
- Vielleicht kaufen wir Hobbygärtner auch unser Saatgut als Räuchermischung oder Badesalz im Internet, immer in der Gefahr, abgezockt oder erwischt zu werden.
- Da in den nächsten Jahren vielleicht mit der Legalisierung von Marihuana zu rechnen ist (die Amis machen es ja schon vor), könnte sich hier ein neues Aufgabenfeld für Dealer eröffnen. An Straßenecken werden sich dann seltsame Szenen abspielen: Eine hagere dunkle Gestalt mit Schlapphut schlägt ihren Mantel auf, in dessen Innerem Dutzende von Papiertüten mit Abbildungen von Blüten und Früchten hängen, und sie wird sagen: »Hey, Alda, Samen kaufen? Altländer Pfannkuchen-Apfel, zehn Körner fürn Fuffi … und Süße Herbst-Renette, geiles Aroma, kriegste sonst nirgendwo!«

Perspektiven für neue EU-Naturkatastrophen

- Warum es bei manipulierbarem Material im Schweinestall belassen? Auch Kühe, Hühner, Gänse und Enten wollen unterhalten werden. Die EU-Kommission sollte erst ruhen, wenn aus den hochsubventionierten Tierproduktionsfabriken wunderschöne Freizeitparks für Nutztiere geworden sind.
- Die Henne im Kaltscharrraum ist erst der Anfang, sprach-

wissenschaftlich gesehen. Die EU sollte literarisch geschulte Mitarbeiter einstellen, die rund um die Hühnerhaltung bedeutend mehr reine Sprachkunst in allen Landessprachen produzieren oder zumindest die deutschen Vorschriften adäquat übersetzen. Bleiben wir beim Kaltscharrraum: Klingt in *cold scratching area* nicht eine Komponente existenzieller Verlorenheit mit? Kann *zone de grattage froid* nicht auf den Bühnen des absurden Theaters in Frankreich Furore machen?

- Die Verbannung der Schwalbe aus dem Stall – leider gescheitert – wäre ein schöner Anfang gewesen. Es hätte europaweit das Verbot der Taube auf historischen Gebäuden, eine Einreisesperre für Kakerlaken in die Gastronomie-Küche und vor allem auch die Ausweisung der Stechmücke aus allen Schlafzimmern folgen können. Das wäre mal ein sinnvoller Einsatz bürokratischen Engagements gewesen.
- Die geradezu liebevolle Beschreibung aller möglichen Wachstums- und Verfallszustände des Apfels legt nahe, dass irgendein kreativer Kreis in Brüssel oder Straßburg gern derartige Texte verfasst. Eine schöne Aufgabe für dieses Team wäre es, die EU-Abgeordneten arbeitsmarktorientiert in unterschiedliche Qualitätsklassen einzuteilen. Sprachlich könnte man in etwa im gleichen Rahmen bleiben: Die EU-Abgeordneten-Klasse *Extra* zum Beispiel müsste die folgenden Bedingungen erfüllen:

Die politische Vergangenheit muss frei von allen nennenswerten Mängeln sein. Allenfalls dürfen Reste einer sehr leichten, aber nur oberflächlichen braunen oder roten jugendlichen Entwicklungsstörung erkennbar sein. Das Erscheinungsbild auf Wahlplakaten darf keine Mängel zeigen, mit Ausnahme sehr leichter oberflächlicher Hautunrein-

heiten. Individuen mit leichter geistiger Berostung dürfen nur für Repräsentationsaufgaben zum Einsatz kommen.

- Die Abholzigkeit als Qualitätsmerkmal von Holz muss dringend wieder eingeführt werden. Das eröffnet ein auch materiell ergiebiges Tätigkeitsfeld für Expertisen, Arbeitsgruppen, Untersuchungsausschüsse sowie begleitende Image-Kampagnen und sichert so auf Jahre und Jahrzehnte die Einkünfte Hunderter von EU-Beamten.
- Nachdem die EU feststellte, dass Explosionsstampfer nachhaltig die Nachtruhe stören können, sollte sie sich der Lärmbelästigung im privaten Bereich zuwenden. Gesamteuropäische Richtwerte für Familienfeiern mit und ohne Alkoholgenuss, Gartenfeste sowohl mit hitzebasierter Zubereitung von eiweißhaltigen Nahrungsmitteln als auch ohne, für Ehestreitigkeiten, gestaffelt nach der Dauer der Beziehung, und für Babygeschrei werden im Alltag genauso dringend benötigt wie solche für Mehrzweckgeräte, deren Hauptantrieb eine Leistung von mehr als 20 kW aufweist.
- Nach der EU-Behörde für Pflanzenvielfalt, dem Feind aller Kleingärtner, könnte eine noch zu schaffende Behörde für die Vielfalt akustischer Unterhaltung sich um das Verbot von nicht von der EU zertifizierten musikalischen Darbietungen kümmern – was das Ende aller Singkreise, Garagenbands, Karaoke-Veranstaltungen, Castings, YouTube-Videos mit Gitarre oder Didgeridoo (das damit zum Didgeridont würde) bedeuten würde. Man verfügte hiermit nicht zuletzt über eine massive Waffe gegen Spontanauftritte in Fußgängerzonen – also möglicherweise ein Segen für die gesamte Bevölkerung Europas.

Essen und Trinken mit der EU

Von der Hand in den Mund – so lebte man in ferner glücklicher Vergangenheit. Die Nahrungsmittel wuchsen entweder irgendwo im Wald oder liefen noch lebendig in freier Natur herum, man musste sie also jagen oder sammeln. Wer dazu nicht in der Lage war, hatte keine guten Chancen, seine Gene weiterzugeben. Wer sich als zu schwächlich erwies, um Ackerbau zu betreiben, verhungerte. Wer sich mit Pilzen und möglicherweise giftigen Pflanzen nicht auskannte, verließ diese Welt nach psychedelischem Abflug. Wer es nicht schaffte, Auerochs oder Mammut mit Keule und Speer zu erlegen, der segnete über kurz oder lang das Zeitliche.

Ein Wunder eigentlich, dass es heute noch Bürokraten gibt, denn schon ihre Vorfahren waren aller Wahrscheinlichkeit nach genau die Sorte Mensch, die von nichts eine Ahnung hatte und deshalb eigentlich hätte aussterben müssen. Es gab kein Regelwerk mit Verordnungen, die ihrem Verhalten einen Sinn hätten geben können. Woher wussten sie, was richtig und was falsch war? Sie wurden vom Mammut aufgespießt, von giftigen Pilzen und Pflanzen dahingerafft und sind mit dem für sie nutzlosen Grabstock in der Hand verhungert. Und dann gab es ja auch noch ihre Mitmenschen, die sie vermutlich mit ersten dilettantischen, in Stein gehauenen Vorschriften genervt haben, was sicherlich zu diversen der Zeit entsprechend drastischen Abwehrreaktionen führte. Schlechte Überlebenschancen eigentlich.

In irgendeiner Höhle muss sich jedoch wohl eine besonders fruchtbare Population steinzeitlicher Bürokraten gehalten haben, und diese erwiesen sich als auf rätselhafte Weise überlebenstauglich, sodass sie uns heute in alles reinreden, besonders auch, was unsere Ernährung angeht.

Aller Anfang ist schwer: Der Versuch der Frühstücksrichtlinien

In ihrer Begeisterung für die eigenen gesamteuropäischen Pläne glaubten die Politiker in den 1970er-Jahren, dass ein gemeinsamer europäischer Markt nur dann zustande kommen könne, wenn es in allen Ländern vergleichbare Produkte mit etwa denselben Qualitätsstandards zu kaufen gäbe – die Idee von der europaweiten Produktangleichung war geboren. Das bedeutete mehr oder weniger: Alle Lebensmittel sollten nach einem europaweit einheitlichen Rezept hergestellt werden. So wurde zum Beispiel die Einheitswurst propagiert – Salami aus Italien sollte die gleichen Zutaten haben und genauso schmecken wie solche aus Deutschland. Käse aus Frankreich sollte dem aus Italien bis aufs Haar gleichen – eine unglaubliche Schnapsidee, die dennoch zum Teil realisiert wurde. Die Richtlinien für Schokolade, Honig, Marmelade, Fruchtsaft, Zucker, Dickmilch und für Kaffee- und Zichorienextrakte – eben die sogenannten Frühstücksrichtlinien, weil alle diese Produkte etwas mit dem Frühstück zu tun haben – sind das äußerst haltbare Endprodukt dieser Zeit und somit bürokratische Dinosaurier. Einige Beispiele:

- Kaffee muss der Richtlinie 77/436/EWG bzw. der Richtlinie 99/4/EG entsprechen und aus gerösteten Kaffeebohnen gemacht werden. Darüber lässt sich eigentlich nicht sinnvoll streiten.

- Bei der Schokolade geht es aber schon los: Schokolade darf nur Schokolade heißen, wenn sie mindestens 35 % Kakao enthält, davon 18 % Kakaobutter, Zucker, eine Spur Lecithin und ... Palmöl oder nicht Palmöl? Wenn es nach dem französischen Geschmack geht, sollte Palmöl drin sein, denn es macht die Schokolade ein wenig weicher und bitterer. Britische Schokoladenesser allerdings mögen ihre *chocolate* lieber hart und süß, also ohne Palmöl.

Vorbei war es mithin schon in dieser frühen Phase mit dem Plan von den Einheitsprodukten, denn je länger man überlegte, desto mehr fiel auf, dass es viel zu viele Sonderwünsche in den an Zahl immer weiter zunehmenden EU-Ländern geben und ganz nebenher die kulinarische Vielfalt auf der Strecke bleiben würde. Mehr noch: Eine Gegenbewegung begann damit, nationale Spezialitäten zu schützen (siehe Pizza Napoletana).

Die Folgen in der Praxis

Man einigte sich auf einen neuen Konsens: Produkte, die in einem EU-Mitgliedsland verkauft werden dürfen und die der Gesundheit nicht schaden, dürfen in allen EU-Ländern verkauft werden – eine weise Regelung, die recht gut funktioniert. Mehr noch: Die EU-Bürger begrüßen es, dass die italienische Salami anders schmeckt als solche aus Ungarn oder Deutschland. Auch die Tradierung regionaler Käsesorten kann gegenüber einem gesamteuropäischen »Einheitskäse« nur ein Gewinn sein. Auf der anderen Seite schmeckt nämlich Analogkäse einheitlich genug.

Die Frühstücksrichtlinien, eigentlich erste missglückte Versuche einer Vereinheitlichung, überlebten in abgeschwächter Form. Nichts ist eben schwieriger, als eine einmal erlassene Verordnung wieder zu beseitigen. Allerdings müssen sie immer wieder ergänzt, erweitert oder durch Ausführungsbestimmungen erläutert werden, und selbst das bereitet enorme Schwierigkeiten. So reagierten Bürger, Köche und sogar Verbraucherverbände mit wütenden Reaktionen, als die anfangs angefeindete, aber nun gültige Schokoladenrichtlinie geändert werden sollte. Wenn etwas einmal eingeführt ist, weiß man schließlich, was man hat, und verteidigt den Status quo …

Die Mutter aller Bürokratie-Monster: Die Gurkenverordnung

Damals hieß die EU noch EWG, und die erließ die Verordnung (EWG) Nr. 1677/88 (Gurkenverordnung). Die halbe Welt lachte sich schlapp darüber:

Die maximale Krümmung darf nur zehn Millimeter auf zehn Zentimeter Länge betragen.

Wirklich, das stand zu lesen. Und weiter:

Der Gewichtsunterschied zwischen der schwersten und der leichtesten Gurke in einem Packstück darf nicht größer sein als 100 g, wenn die leichteste Gurke 180 bis 400 g wiegt.

Ist das nicht eine Bestimmung von überirdischer Schönheit?

Machen Sie sich selbst ein Bild. Allerdings werden Sie nach der

Lektüre dieses Textes nicht mehr in der Lage sein, eine Salatgurke ohne Assoziationen zur EU-Bürokratie zu verzehren. Hier einige Auszüge – die bürokratischen Filetstücke sozusagen – aus dem Original im Wortlaut. Übrigens: Nicht nur die Passagen bezüglich der Krümmung bieten bei der Lektüre Anlass zur Heiterkeit, auch die übrigen Kriterien wie zum Beispiel Formfehler zeigen die humoristischen Qualitäten der Verfasser auf.

QUALITÄTSNORM FÜR GURKEN
I. BEGRIFFSBESTIMMUNG
Diese Norm gilt für Gurken der aus »Cucumis sativus L.« hervorgegangenen Anbausorten zur Lieferung in frischem Zustand an den Verbraucher. Gurken für die industrielle Verarbeitung und Einlegegurken (Cornichons) fallen nicht darunter.

II. BESTIMMUNGEN BETREFFEND DIE GÜTEEIGENSCHAFTEN
Die Norm bestimmt die Güteeigenschaften, die die Gurken nach Aufbereitung und Verpackung aufweisen müssen.

A. Mindesteigenschaften
In allen Klassen müssen die Gurken vorbehaltlich besonderer Bestimmungen für jede Klasse und der zulässigen Toleranzen sein:
- *ganz,*
- *gesund; ausgeschlossen sind Erzeugnisse mit Fäulnisbefall oder anderen Mängeln, die sie zum Verzehr ungeeignet machen,*
- *von frischem Aussehen,*
- *fest,*

– sauber, praktisch frei von sichtbaren Fremdstoffen,
– praktisch frei von Schädlingen,
– praktisch frei von Schäden durch Schädlinge,
– nicht bitter (vorbehaltlich der für die Klassen II und III im Abschnitt »Toleranzen« zugelassenen Sonderbestimmungen),
– frei von anomaler äußerer Feuchtigkeit,
– frei von fremdem Geruch und/oder Geschmack.

Die Gurken müssen genügend entwickelt, die Kerne jedoch noch weich sein.

Der Zustand der Gurken muss so sein, dass sie
– Transport und Hantierung aushalten und
– in zufriedenstellendem Zustand am Bestimmungsort ankommen.

B. Klasseneinteilung
Gurken werden in vier nachstehend definierte Klassen eingeteilt:

i) Klasse Extra
Gurken dieser Klasse müssen von höchster Qualität sein und müssen alle sortentypischen Merkmale aufweisen.
Sie müssen:
– gut entwickelt sein,
– gut geformt und praktisch gerade sein (maximale Krümmung: 10 mm auf 10 cm Länge der Gurke),
– eine für die Sorte typische Färbung haben,
– frei von Fehlern sein, einschließlich aller Formfehler, insbesondere solcher, die auf die Samenentwicklung zurückzuführen sind.

ii) Klasse I

Gurken dieser Klasse müssen von guter Qualität sein. Sie müssen:

- *genügend entwickelt sein,*
- *ziemlich gut geformt und praktisch gerade sein (maximale Krümmung: 10 mm auf 10 cm Länge der Gurke).*

Sie dürfen folgende Fehler aufweisen:

- *einen leichten Formfehler, der jedoch nicht auf die Samenentwicklung zurückzuführen sein darf,*
- *eine geringe Abweichung in der Färbung, insbesondere eine hellere Färbung des Teils der Gurke, der während des Wachstums mit dem Boden in Berührung war,*
- *leichte Schalenfehler, die auf Reibung, Hantierung oder niedrige Temperaturen zurückzuführen sind, sofern sie vernarbt sind und die Haltbarkeit des Erzeugnisses nicht beeinträchtigen.*

iii) Klasse II

Zu dieser Klasse gehören Gurken, die nicht in die höheren Klassen eingestuft werden können, die aber den vorstehend definierten Mindesteigenschaften entsprechen. Sie dürfen jedoch folgende Fehler aufweisen:

- *Formfehler, die nicht auf eine fortgeschrittene Samenentwicklung zurückzuführen sind,*
- *Farbfehler auf nicht mehr als einem Drittel der Oberfläche; bei Gurken aus geschütztem Anbau sind starke Farbfehler jedoch nicht zulässig,*
- *vernarbte Risse,*
- *leichte Schäden, die durch Reibung oder Hantierung entstanden sind, sofern sie die Haltbarkeit und das Aussehen der Erzeugnisse nicht wesentlich beeinträchtigen.*

Gerade und leicht gebogene Gurken dürfen alle vorgenannten Fehler aufweisen.

Krumme Gurken hingegen sind nur zulässig, wenn sie außer leichten Farbfehlern keine anderen Fehler sowie keine andere Verformung als ihre Krümmung aufweisen.

Leicht gebogene Gurken können eine maximale Krümmung von 20 mm auf 10 cm Länge der Gurke aufweisen.

Krumme Gurken können eine größere Krümmung aufweisen, sie müssen getrennt aufgemacht werden.

iv) Klasse III (1)
Zu dieser Klasse gehören Gurken, die nicht in die höheren Klassen eingestuft werden können, die aber den Eigenschaften der Klasse II entsprechen.

Krumme Gurken, die wie in der Klasse II getrennt aufzumachen sind, dürfen jedoch alle Mängel aufweisen, die in der Klasse II für gerade und leicht gebogene Gurken zugelassen sind.

III. BESTIMMUNGEN BETREFFEND DIE GRÖSSENSORTIERUNG
Die Größensortierung erfolgt nach dem Stückgewicht;

i) Das Mindestgewicht für Gurken aus dem Freilandanbau beträgt 180 g;
das Mindestgewicht für Gurken aus geschütztem Anbau beträgt 250 g.

ii) Unter einem Schutzdach angebaute Gurken der Güteklasse Extra und I müssen u. a.
- *mindestens 30 cm lang sein, wenn sie 500 g und mehr wiegen,*
- *mindestens 25 cm lang sein, wenn sie 250 bis 500 g wiegen.*

iii) Die Größensortierung ist obligatorisch für Gurken der Klassen Extra und I. Der Gewichtsunterschied zwischen der schwersten und der leichtesten Gurke in einem Packstück darf nicht größer sein als:
– 100 g, wenn die leichteste Gurke 180 bis 400 g wiegt,
– 150 g, wenn die leichteste Gurke mindestens 400 g wiegt.

iv) Die vorstehenden Bestimmungen gelten nicht für »Kurze Gurken«.

Kurze Gurken ... Zu viel staubtrockene Bestimmungen? Falls ja, überspringen Sie die folgenden Ausführungen.

Falls nein, geht es hier weiter mit den geistdurchdunkelten

IV. BESTIMMUNGEN BETREFFEND DIE TOLERANZEN
Güte- und Größentoleranzen sind in jedem Packstück für Erzeugnisse zulässig, die nicht den Anforderungen der angegebenen Klasse genügen.

A. Gütetoleranzen

i) Klasse Extra
5 % nach Anzahl Gurken, die nicht den Eigenschaften der Klasse entsprechen, die aber denen der Klasse I – in Ausnahmefällen einschließlich der Toleranzen der Klasse I – genügen.

ii) Klasse I
10 % nach Anzahl Gurken, die nicht den Eigenschaften der Klasse entsprechen, die aber denen der Klasse II – in Ausnahmefällen einschließlich der Toleranzen der Klasse II – genügen.

iii) Klasse II
10 % nach Anzahl Gurken, die weder den Eigenschaften der Klasse noch den Mindesteigenschaften entsprechen; ausgenommen sind jedoch Erzeugnisse mit Fäulnisbefall oder anderen Mängeln, die sie zum Verzehr ungeeignet machen. Im Rahmen dieser Toleranz dürfen höchstens 2 % nach Anzahl Gurken an den Enden einen bitteren Geschmack aufweisen.

iv) Klasse III
15 % nach Anzahl Gurken, die weder den Eigenschaften der Klasse noch den Mindesteigenschaften entsprechen; ausgenommen sind Erzeugnisse mit Fäulnisbefall oder anderen Mängeln, die sie zum Verzehr ungeeignet machen. Im Rahmen dieser Toleranz dürfen höchstens 4 % nach Anzahl Gurken an den Enden einen bitteren Geschmack aufweisen.

B. Größentoleranzen
Für alle Klassen: 10 % nach Anzahl Gurken, die nicht der angegebenen Größensortierung entsprechen. Diese Toleranz gilt jedoch nur für Gurken, deren Größe um nicht mehr als 10 % von den festgesetzten Grenzwerten abweicht.

Ah so!

Die Folgen in der Praxis

Mittlerweile ist die Gurkenverordnung nicht mehr in Kraft – einer der wenigen Fälle einer Kehrtwendung. Abgeschafft wurde sie im Jahr 2009, obwohl sich eine Mehrheit der EU-Mitgliedsstaaten und auch die Händlervereinigungen und Bauernverbände dafür aussprachen, sie beizubehalten. Verkehrte Welt?

Wenn auch allzu detailliert und verstiegen in den Klassifizierungen, so erlaubte die Gurkenverordnung es dennoch einem Großhändler, halbwegs vorauszusehen, welche Qualität von Ware ihn erreichen würde, wenn er etwa in Flensburg Gurken aus Spanien orderte – eigentlich ein Gewinn auch für die Kunden, die ohnehin das stramme, gerade und einheitlich grüne Produkt irgendwelchen krummen, gelbgrün gefleckten Absonderlichkeiten vorziehen. Und wie, so fragten sich Erzeuger und Händler, sollte man Dutzende unterschiedlich s-förmige Gurken für den Transport durch ganz Europa verpacken? Kein großes Problem für einen Händler auf dem Wochenmarkt – aber wenn es um mehrere Tonnen Ware geht?

Warum wurde die Verordnung also kassiert? Einmal in den Fokus von Presse und Medien geraten, musste die EU-Kommission wohl zwischen den Vorzügen der Regelung und dem ständig größer werdenden Imageschaden für die Europäische Union abwägen.

Genau besehen war aber eigentlich gar nicht die EWG an der Gurkenverordnung schuld. Erlassen wurde sie 1988 wohlgemerkt auf Wunsch des Handels, unter anderem wegen der problemlosen Verpackung und einer europaweit vergleichbaren Qualität – und auf Basis einer Empfehlung der UNO-Wirtschaftskommission für Europa (ECE). Dennoch steht sie heute beispielhaft für die Regelungswut der EU-Bürokratie.

So, und jetzt einmal durchatmen, den Gurkensalat aufessen und an den Nachtisch denken. Es gibt Kirschkuchen – oder Kirschenkuchen?

Streitpunkt: »Kirschkuchen« oder »Kirschenkuchen«?

Früher tanzte man um das Goldene Kalb, heute veranstaltet man in EU-Kreisen einen gewaltigen Tanz um den Kirschkuchen. Denken Sie jetzt aber bloß nicht an eine tanzende Trachtengruppe, eher an hoch bezahlte Beamte in Maßanzügen, die sich wie die Kesselflicker streiten. Die EU-Bürokratie bestimmt nämlich in einer Durchführungsverordnung zur EU-Spirituosenverordnung, dass in einem Kirschkuchen eigentlich Kirschwasser enthalten sein muss, bestimmt doch Artikel 10 besagter Spirituosenverordnung, dass ein geschützter Spirituosenbegriff – in diesem Falle das im deutschen Sprachraum etablierte »Kirsch« für Kirschwasser – nur dann in der Bezeichnung für ein anderes Lebensmittel verwendet werden darf, wenn genau diese alkoholische Spezialität Teil der Rezeptur besagten Lebensmittels ist. Oder anders ausgedrückt: Im Kirschkuchen muss »Kirsch« drin sein, nämlich Kirschwasser.

Die Folgen in der Praxis

Gut, in der Milchschnitte ist Milch, wenn auch nicht in nennenswerter Menge, in Leberwurst kommt Leber zumindest in mikroskopischen Dosen vor. Rumkugeln allerdings müssten nach dieser Logik in den meisten Fällen »Rumaromakugeln« heißen. Demnächst könnte der mütterliche Satz »Hmmm, das duftet! Mama hat einen Kirschkuchen gebacken!« zu Panikattacken bei Vater führen, der augenblicklich antworten müsste: »Aber Mama! Für Kirschkuchen sind die Kinder doch noch viel zu klein! Back uns doch lieber einen Kirschenkuchen!« So nämlich sollte – laut EU-Sprachregelung – der Kuchen heißen, in dem kein hochprozentiger Kirsch enthalten ist, sondern in dem man Kirschen findet.

Wie genau der Stand der Dinge im Augenblick ist, ist schwer zu sagen. Irgendwann hat das Bundesministerium für Ernährung, Landwirtschaft und Verbraucherschutz Änderungswünsche bei der EU-Kommission angemeldet, was sich aber daraus entwickelt hat, weiß kein Mensch. Ich jedenfalls nehme jetzt erst mal ’nen Kirsch und denke mir: Die haben doch einen an der Kirsche …

Total Banane: Die EU-Verordnung zur gelben Gurke

Warum ist die Banane krumm? Warum sind Bürokraten dumm? Weil sie sich zu viel um Bananen kümmern. Allen Ernstes, es gibt eine eigene Bananenverordnung:

VERORDNUNG (EG) Nr. 2257/94 DER KOMMISSION vom 16. September 1994 zur Festsetzung von Qualitätsnormen für Bananen (Text von Bedeutung für den EWR)
DIE KOMMISSION DER EUROPÄISCHEN GEMEINSCHAFTEN –
gestützt auf den Vertrag zur Gründung der Europäischen Gemeinschaft,
gestützt auf die Verordnung (EWG) Nr. 404/93 des Rates vom 13. Februar 1993 über die gemeinsame Marktorganisation für Bananen (1), geändert durch die Verordnung (EG) Nr. 3518/93 der Kommission (2) …

Ist nicht schon der Titel total Banane?

Und was steht drin? Das Dokument enthält um die 11 000 Zeichen, die genau erklären, was die EU-Banane zu beachten bzw. in welche Richtung der EU-Bananenzüchter seine gelben Gurken zu dirigieren hat. Hier die …

A. Mindesteigenschaften

In allen Güteklassen müssen die Bananen vorbehaltlich der besonderen Bestimmungen für jede Klasse und der zulässigen Toleranzen wie folgt beschaffen sein:

- *grün, nicht gereift;*
- *ganz;*
- *fest;*
- *gesund; ausgeschlossen sind Erzeugnisse mit Fäulnisbefall oder anderen Mängeln, die sie zum Verzehr ungeeignet machen;*
- *sauber, praktisch frei von sichtbaren Fremdstoffen;*
- *praktisch frei von Schädlingen;*
- *praktisch frei von Schäden durch Schädlinge;*
- *mit unversehrtem, ungeknicktem, nicht ausgetrocknetem Stiel, frei von Pilzbefall;*
- *ohne Blütenstempel;*
- *frei von Missbildungen und anormaler Krümmung der Finger;*
- *praktisch frei von Druckstellen;*
- *praktisch frei von Kälteschäden;*
- *frei von anormaler äußerer Feuchtigkeit;*
- *frei von fremdem Geruch und/oder Geschmack.*

Ferner müssen die Hände bzw. Cluster (Handteile) aufweisen:

- *ein ausreichendes, gesundes Stück Krone normaler Färbung ohne Pilzbefall;*
- *eine glatte Schnittstelle an der Krone ohne Scharten, Abrissspuren oder Schaftteile.*

Entwicklung und Reifezustand der Bananen müssen so sein, dass sie

- *Transport und Hantierung aushalten,*
- *in zufriedenstellendem Zustand am Bestimmungsort ankommen und nach Reifung einen angemessenen Reifegrad erreichen.*

Sicher bemerken Sie, dass auch in diesem Text der geniale Geist der Gurkenverordnung weht. Wer weiß, wie die Bananen aussähen, wenn unsere zuständigen Bananenkommissare und Bananenkommissarinnen nicht festlegen würden, wie sie auszusehen haben? Sie finden solche Auflistungen trivial? Im Augenblick arbeitet das zuständige Gremium an einer Atemluft-Verordnung ...:

A. Mindesteigenschaften

In allen Güteklassen muss Atemluft vorbehaltlich der besonderen Bestimmungen für jede Sorte Luft und der zulässigen Toleranzen wie folgt beschaffen sein:

- *durchsichtig, nicht verbraucht oder verraucht;*
- *ausschließlich gasförmig, flüssige und feste Bestandteile sind verboten;*
- *gesund, ohne Fäulnisbefall oder andere Mängel, die sie zum Atmen ungeeignet machen*
- *sauber, praktisch frei von sichtbaren Fremdstoffen;*
- *praktisch frei von Schädlingen;*
- *praktisch frei von Schäden durch Schädlinge;*
- *frei von Pilzbefall;*
- *ohne Blütenstaub;*
- *frei von anormaler Feuchtigkeit;*
- *frei von fremdem Geruch und/oder Geschmack usw. usf.*

Doch zurück zur Banane:

Die Größensortierung erfolgt nach

- *der Länge der Früchte in Zentimeter, gemessen über die äußere Wölbung vom Stielansatz bis zur Spitze;*
- *der Dicke in Millimeter, gemessen als Durchmesser in der Mitte der Frucht zwischen ihren Längsseiten quer zur Längsachse.*

  Länge und Dicke der Referenzfrucht, anhand derer die Größensortierung erfolgt, werden gemessen
- *am mittleren Finger der äußeren Reihe einer Hand;*
- *am ersten Finger der äußeren Reihe eines Clusters neben der Schnittstelle, mit der die Hand zerteilt wurde.*

Alles klar? Wie gesagt, total Banane.

Die Folgen in der Praxis

Sicher werden alle Bananen dafür dankbar sein, dass sie von der EU ähnlich intensive Regelungen erfahren wie ihre grüne Schwester, die Gurke. Immerhin wird es in dieser Verordnung vermieden, den genauen Krümmungsgrad der Früchte festzulegen, sicher eine weise Entscheidung nach den Erfahrungen rund um die Gurke, auch Bürokraten sind also in bestimmtem Maße zur Einsicht – großes Wort – fähig.

Allzu sehr ausgearbeitet ist diese Verordnung jedoch aus einem anderen Grunde nicht: Zu den Bananengewächsen gehören siebzig Arten, und viele von ihnen liefern essbare Früchte. Nicht gerade viele davon erreichen unsere Supermärkte, die meisten von Europäern verzehrten Bananen sind sogenannte Dessertbananen oder Obstbananen (*Musa paradisiaca*). Diese

Sorte allerdings bringt es mittlerweile auf gut tausend Zuchtformen und Varianten – sehr harte Ausgangsbedingungen für die Erstellung einer wirklich umfassenden und detaillierten EU-Verordnung.

Diese ist allerdings auch aus einem anderen Grunde überflüssig: Die meisten Bananen in Europa kommen von wenigen Konzernen, als da sind: Cobana Fruchtring, Chiquita, Del Monte, Dole und BanaFair, für fairen Handel mit Bananen am Markt. Diese Global Player schätzen es sehr, dass die EU-Bananenverordnung ziemlich genau das beschreibt, was sie anbieten, nämlich Bananen bestimmter Standards. Konkurrenten mit leicht unterschiedlicher Ware bleiben draußen, und damit hat die Verordnung ihren wichtigsten Zweck erfüllt. Welch ein Glück für uns alle ...

Die EU sagt: Wasser löscht wohl nicht den Durst ...

Es ist schon erstaunlich, was Wissenschaft leisten kann. Da fanden 2014 mehr als tausend hoch dotierte Klimaforscher heraus, dass es in den nächsten Jahren und Jahrzehnten im Zuge der Klimaerwärmung möglicherweise wärmer wird. Die genialen Wissenschaftler leisteten aber noch mehr: Stellen Sie sich bloß vor, ihre Forschungen ergaben, dass es zu Konflikten um das knappe Gut Wasser kommen kann. Wer hätte das gedacht?

Auch für die EU sind solch qualifizierte Wissenschaftler im Einsatz: Am 17. November 2011 wurde etwa eine Studie veröffentlicht, die auf einer dreijährigen Analyse beruht. Das Ergebnis: Wasser ist wohl ungeeignet, um den Menschen vor Dehydrierung zu schützen. Regelmäßiges Wassertrinken schützt also nicht vor Wassermangel. Und wieder ist unsere laienhafte Frage angebracht, aber diesmal weniger voller Bewunderung als eher erstaunt geäußert: Wer hätte das gedacht?

Der genaue Sachverhalt: Zwei Forscher vom Institut für Lebensmittelwissenschaft und Humanernährung der Leibniz Universität Hannover, nämlich Prof. Andreas Hahn und Prof. Moritz Hagenmeyer, hatten einen Antrag auf Zulassung folgender Werbeaussage zum Beispiel auf Wasserflaschen gestellt: »Die regelmäßige Aufnahme signifikanter Mengen Wasser kann das Risiko einer Dehydration und eines damit verbundenen Leistungsabfalls verringern.« Erinnert Sie dieser Satz auch an folgenden: »Die voluminöse Expansion der subterranen Knolle ist irrational reziprok zur intellektuellen Kompetenz des Agronomen.«? Aber so sind sie nun mal, die Wissenschaftler.

Letztlich geht es um den kurzen Satz: »Wasser löscht den Durst.«

Nun gibt es da aber die sogenannte »Health Claims«-Verordnung. Die besagt, dass die Verwendung gesundheitsbezogener Angaben zur Bewerbung von Lebensmitteln nur noch dann gestattet ist, wenn sie zuvor per EU-Verordnung zugelassen wurde. Diese Regelung sollte unsinnige und falsche Werbeaussagen wie etwa »Schokolade hilft Kindern beim Wachsen« unmöglich machen. Jede gesundheitsbezogene Angabe auf einem Etikett muss in der EU also durch allgemein anerkannte wissenschaftliche Nachweise abgesichert sein. So weit, so gut.

Allerdings können nicht nur Lebensmittelhersteller Anträge auf Zulassung einer Werbeaussage einreichen, sondern eben auch – Professoren aus Hannover.

Deren Antrag ließ die Europäische Kommission in der Folge erst einmal prüfen. Das dauerte volle drei Jahre, einundzwanzig Wissenschaftlerinnen und Wissenschaftler der zuständigen Europäischen Lebensmittelsicherheitsbehörde (EFSA) in Parma/Italien waren damit beschäftigt und entschieden letztlich, diese Angabe zur Bewerbung von Lebensmitteln sei nicht zulässig. Man führte als Begründung an, gewisse formale Vorgaben der Verordnung seien nicht erfüllt. Eine sachliche Begründung fehlte nach Ansicht der Antragsteller.

Dieser Sachverhalt interessierte aber auch die EU-Bürokratie wohl nur wenig. Es ging ihr augenscheinlich nur darum, jemanden zu reglementieren und damit klarzumachen: Niemand darf behaupten, Wasser sei gesund und schütze vor Dehydrierung, wenn die EU nicht ihren Segen erteilt. Ätsch! Eine Aussage mag noch so trivial und richtig sein – ohne behördliche Absegnung geht nichts! Da könnte ja jeder kommen und zum Beispiel behaupten, er sei in der Lage, Dunkelheit durch Licht zu bekämpfen …

Die Folgen in der Praxis

Jetzt wird einiges klar: Haben Sie sich nicht immer schon gefragt, weshalb das Durchschnittsalter im Mittelalter so niedrig war, weshalb die Menschen schon mit 35 oder spätestens mit 45 Jahren, nach heutigen Maßstäben in der Blüte ihrer Jahre, einfach starben? Möglicherweise sind Millionen unserer Vorfahren, welche die Zusammenhänge rund um das Wasser nicht kannten und in ihrer Einfältigkeit jeden Tag Wasser getrunken haben, einfach innerlich verdurstet …

Es stellen sich zu diesem Sachkomplex aber auch einige interessante Fragen: Was tun Menschen nicht alles für Geld? Wie empfänglich für pekuniäre Vorteile muss ein Wissenschaftler sein, um sich an der Erstellung derartiger »Forschungsergebnisse« zu beteiligen und ihrer Verbreitung zuzustimmen? Und weshalb braucht eine Expertenkommission drei Jahre, um über eine Trivialität zu entscheiden – und dann auch noch falsch?

Dem durchschnittlichen EU-Bürger kommt dazu allzu schnell eine Idee, die er anschließend nicht mehr aus dem Kopf bekommt: Das EU-Parlamentsgebäude perfekt abdichten, Vollversammlung einberufen, dann Gebäude mit Wasser fluten – bis unters Dach. Mal sehen, ob nachher drinnen noch jemand dehydriert ist.

Knobelfrage: Wer darf wie viel Salz ins Brot streuen?

Wie die Götter auf dem Olymp, so wachen die gutmenschelnden EU-Kommissare über die doofen EU-Bürger, die sich vermutlich alle selbst um die Ecke bringen würden, gäbe es keine EU-Vorschriften. Eine solche sollte dementsprechend garantieren, dass sich niemand mit deutschem Brot vergiftet. Deutsches Brot ist nämlich kein gesundes Nahrungsmittel, sondern irgendwie der Tod auf Raten, weil es viel zu viel Salz enthält, und es gilt ja als ungesund, zu viel Salz zu essen.

Das neue deutsche Brot sollte nach dem Willen der EU wie alle anderen europäischen Brotsorten ohne Schrot und Korn maximal 1 g Salz pro 100 g Mehl enthalten. Sonst drohe dem deutschen Brot der Entzug des Titels »wertvolles Nahrungsmittel« und die zugehörige grüne Kennzeichnung.

Die Folgen in der Praxis

Diese geplante Verordnung hat das EU-Parlament allerdings nicht passiert, die Bäcker haben gesiegt, es darf so viel Salz ins Brot, wie immer schon im Rezept stand.

Verantwortungsbewusste Eltern müssen deshalb auch künftig ihre Kinder vor gewissen Gefahren warnen, wenn sie abends einmal ausgehen wollen: »Melanie-Chiara, Kevin-Emil, lasst auf jeden Fall die Finger von deutschem Brot! Ihr wisst doch noch, was damals mit Onkel Walter geschehen ist, als er eine Scheibe Vollkornbrot zu viel gegessen hatte! Trinkt lieber Cola, und esst Kartoffelchips!« Aber natürlich kommt es in einem solchen Fall, wie es kommen muss, und das haben die EU-Experten vorausgesehen: Die ahnungslosen Erziehungsberechtigten kommen nach Hause, finden ihre Tochter Melanie-Chiara in einer Bluthochdruckkrise, während Sohn Kevin-Emil bereits von einem Herzinfarkt dahingerafft wurde ... Keine Szene für ein Familienfoto. Und wer ist schuld? Supersalziges deutsches Brot!

Was aber, wenn die EU gesiegt hätte? Entweder hätte kein Mensch mehr Brot gegessen in Deutschland, sondern irgendetwas anderes, mit mehr Salz drin. Oder wir hätten es gemacht wie die Skandinavier: Die streichen sich nämlich kräftig gesalzene Butter aufs salzarme Brot, damit es wieder nach etwas schmeckt ...

Richtig süß: Die EU-Norm Honig

Wiesen voller Blüten, nach Nektar duftend, blühende Bäume und überall fleißig summende Bienchen, die so nett sind, für uns den wohlschmeckenden Honig zu sammeln, der golden schimmernd über unsere gebutterte Weißbrotschnitte fließt – ein paradiesisches Bild, in dem vor allem eines fehlt: die EU-Kommission.

Doch die mischt sich auch hier ein, und das in einer Weise, dass nicht nur dem Imker, sondern selbst den Bienen schlecht wird.

Zuerst einmal erklärt uns die EU in der Richtlinie 2001/110/EG des Rates vom 20. Dezember 2001, was Honig überhaupt ist:

Honig wird definiert als ein natursüßer Stoff, der von Bienen der Art Apis mellifera *erzeugt wird, indem die Bienen Nektar von Pflanzen oder Absonderungen lebender Pflanzenteile oder sich auf den lebenden Pflanzenteilen befindliche Sekrete von an Pflanzen saugenden Insekten aufnehmen, durch Kombination mit eigenen spezifischen Stoffen umwandeln, einlagern, dehydrieren und in den Waben des Bienenstockes speichern und reifen lassen.*

Aha. Da wären wir jetzt nicht draufgekommen. Die Bienen vermutlich auch nicht. Schmeckt Ihnen jetzt Ihr Butterbrot mit dem Produkt aus *Absonderungen lebender Pflanzenteile* noch richtig gut? Dann sind Sie von einem robusten Naturell und können auch den weiteren Fakten ins Auge sehen. Dennoch ersparen wir Ihnen hier längere Amtsdeutsch-Passagen, in denen der Pollen- und Wassergehalt von Honig festgelegt wird. Wir weisen Sie aber darauf hin, dass die EU sich auch um die elektrische Leitfähigkeit von Honig ihre Gedanken macht – sie beträgt für Waldhonig übrigens 0,8 µS (Mikrosiemens) pro Zentimeter. Weshalb? Haben Bienen Elektroantrieb, und kann es bei einem ungünstigen Landeanflugs-Winkel möglicherweise zu Kurzschlüssen kommen? Oder denken die besorgten Bürokraten an den Fall, dass Sie einmal im Zustand geistiger Umnachtung ein Leuchtmittel mit Honig füllen wollen oder sich bei einem Gewitter irrtümlich mit einer Honigschicht zu isolieren trachten? Wir wissen es nicht.

Die Folgen in der Praxis

Die nächste Stufe wird vermutlich sein, dass ab 2018 jedes Honigglas einen Aufdruck auf dem Etikett mit einer genauen Angabe zur elektrischen Leitfähigkeit in Mikrosiemens tragen muss oder stattdessen – alternativ und verbraucherfreundlich – mit einer Ampel-Lösung mit Blitzsymbol gekennzeichnet werden kann.

Ist damit alles rund um den Honig ausreichend reglementiert? Natürlich nicht, bieten sich den Bürokraten doch gewaltige Möglichkeiten. Will der Verbraucher nicht wissen, welche Biene seinen Honig ausgeschieden hat? War es die Biene Maja, oder war es Willi? Eine Namenskennzeichnung von Bienen wäre in Betracht zu ziehen, wobei die EU-Experten natürlich nicht so weltfremd sind, herkömmliche Vornamen zu fordern – so viele Vornamen wie Bienen gibt es doch gar nicht. Es würde genügen, wenn der Imker seine Bienen mit einem Stockkürzel und einer nachfolgenden Nummer kennzeichnet, welche die Bienen bei ihren Sammelflügen zwingend als eine

Art Banner hinter sich herzuziehen hätten. Auf Nachfrage sollte der Imker dann der zuständigen Europäischen Sicherheitsbehörde für Produkte von Fluginsekten (ESPF) mit Standort in Soltau/Lüneburger Heide alle Bienenkürzel benennen können, deren Honigmengen in einem Glas enthalten sind. Diese könnten auch im Sinne der Verbrauchersicherheit in gut sichtbarer Schrift außen auf das Honigglas gedruckt werden, gleich neben das Symbol für die elektrische Leitfähigkeit.

Durchgefallen: Grillen mit der EU

Grillen stellt für so manchen, auf anderen Gebieten nur mäßig erfolgreichen Mann den letzten Freiraum dar, der Platz am Grillwagen ist sein ureigenes Feld der Siege und Erfolge, der einzige verbliebene Ort, an dem er das Element Feuer zähmen und besiegen kann. Hier gelten nur seine Regeln, hier tut er es, wie er es tun will, ganz nach seinem Gusto und nur nach den von ihm selbst bestimmten Gesetzen. Außerdem kann der selbsternannte Grillmeister ein Produkt seiner eigenen Hände Arbeit – nämlich das stets überaus gelungene Grillgut – in aller Öffentlichkeit lobpreisen und kollektiv feiern lassen – und es anschließend verspeisen. Tenor: »Boh, ist das 'ne Wurst!« Doch damit ist jetzt Schluss.

Sogar das private wie öffentlich-rechtliche Fernsehen hat das Grillen als Domäne entdeckt und der brennend interessanten Materie 2014 gleich mehrere Themenshows (»Grill den Moderator!«) gewidmet.

Eine EU-Norm beraubt nun alle Brutzelmeister von Schwedens Norden bis Siziliens Süden dieser letzten Bastion der Glückseligkeit. Hilflos steht der grillende Mann mit der kreativ bedruckten Schürze (»Hier geht's heiß her!«) und der Grillzange in der Hand vor einer Mauer aus irritierenden Vorschriften: Eine davon zum Beispiel regelt genau, wie groß der Abstand zwischen den Grillstäben sein darf, nämlich maximal 20 mm. Sonst bestünde die Gefahr, dass die Würstchen zwischen den Stäben hindurch in die Kohlen fallen könnten.

Was machte dieses Eingreifen der Obrigkeit notwendig? Die EU-Bürokraten sagten sich, dass geistig minderbemittelte EU-Bürger ihr stangenförmiges Grillgut (vulgo: Würstchen) vermutlich nicht quer zum Gitter, sondern dämlicherweise längs auf den Rost legen würden – wie es den Damen und Herren aus Brüssel selbst mutmaßlich wohl auch in 90 % aller Fälle passierte. Statt nun aber mit einem EU-weit gültigen Merksatz aufzuwarten (»Leg dein Würstchen quer, dann mundet es dir sehr!«), entschlossen sich die EU-Bratmaxen, die Angelegenheit lieber mit einer amtlichen Verordnung zu regeln.

Könnte man meinen. Doch bisher kam es nicht dazu ...

Die Folgen in der Praxis

Keine. Dieses Thema geisterte in den letzten Monaten zwar mehrfach durch die Presse, stets zu Beginn der Grillsaison, könnte aber vermutlich auch der Aprilscherz des privaten Radiosenders Antenne Niedersachsen aus dem Jahr 2012 gewesen sein. Der funktionierte übrigens nur deswegen so gut, weil die Meldung durchaus hätte wahr sein können. Vielleicht war sie es ja auch ... Der entsprechende Bericht für das Jahr

2013 verriet nämlich, dass die EU-CO_2-Kommission das Grillen mit Holzkohle verbieten wolle – wegen der unnötigen Emissionen des schädlichen Gases CO_2 ...

Fleischtee? Die EU und der Teebeutel

Wer weiß schon, wie ein Teebeutel genutzt werden soll? Sie? Beutel in die Tasse, heißes Wasser drauf, ein paar Minuten ziehen lassen, fertig, meinen Sie? Na gut.

Aber wer weiß schon, was nachher mit dem ekligen nassen Beutel passieren soll? Die EU, die weiß das! Glücklicherweise! Die vom heißen Wasser ausgelutschten Teebeutel dürfen nach dem Teekochen nicht einfach auf den Kompost geworfen werden, weil die EU-Bürokraten eine Verschmutzung durch Fleischreste befürchten. Hä? Fleischtee? Heißt so etwas nicht Bouillon? Und: Gibt es jetzt Bouillon in Teebeuteln?

Vermutlich hatten bei dieser 2009 von der BBC verbreiteten Nachricht britische EU-Hasser die Hände im Spiel, so wie auch bei anderen irrwitzigen Auslegungen von EU-Verordnungen – siehe Schutzhelmpflicht für Seiltänzer und die wohl frei erfundene Meldung von der politisch korrekten Umbenennung des Produktes »Bombay mix« in »Mumbai mix« auf Anweisung der EU.

Die Folgen in der Praxis

Da bereits Lasagne im Pferdefleisch und sogar Milchfett in der Butter gefunden wurden, schließt der ängstliche und um seine Gesundheit besorgte EU-Bürger auch Fleischreste im Teebeutel nicht als unmöglich aus und wechselt präventiv zum Kaffee. Darin ist zwar Acrylamid, Furan und reichlich Koffein enthalten, aber diese Sau wird von der Presse gerade nicht durchs Dorf getrieben, sodass der ängstliche Europäer sich in aller Ruhe und ohne von Ängsten geplagt zu sein vergiften kann.

Mafia-Torte: Die »Pizza Napoletana«

Nicht, dass die EU nichts zu regeln hätte, es gibt eine Menge Abstimmungsbedarf zwischen den Staaten in Europa. Jedoch erstaunt manchmal, wie die gesetzgebenden Organe ihre Prioritäten setzen. Ob die Pizza Napoletana wirklich von zentraler Bedeutung für die Staatengemeinschaft ist? Diesen Eindruck könnte man indes gewinnen, denn die nahrhafte Speise liegt manchen EU-Beamten anscheinend sehr am Herzen, was auch eine ihrer körperlichen Eigenschaften, nämlich ihre bedeutende horizontale Exposition rund um die Nabelgegend, erklären würde.

Beim ersten Kontakt des Autors mit der Pizza-Richtlinie regten sich Zweifel, ob es sich hier nicht um einen weiteren Fall von Satire handeln könnte, etwa wie bei Wolf Wondratscheks genialem Text über Postbeutel und Wertsäcke aus seinem Buch »Früher begann der Tag mit einer Schußwunde« von 1969, angeblich einem Merkblatt zum § 49 der Allgemeinen Dienstanweisung (ADA) der Deutschen Bundespost. Zitat:

Sollte es sich bei der Inhaltsfeststellung eines Wertsacks herausstellen, dass ein in einem Wertsack versackter Versackbeutel statt im Wertsack in einem der im Wertsack versackten

Wertbeutel versackt werden muss, so ist die in Frage kommende Versackstelle unverzüglich zu benachrichtigen.

Aber nein, die Pizza-Richtlinie existiert tatsächlich, und sie ist nicht als Scherz gemeint. Umsichtige Bürokraten wollten nichts auf die traditionelle Flachspeise kommen lassen. Das belegen eine exakte Rezeptur, eine genaue Beschreibung des Nahrungsmittels und ausgeklügelte Verzehrhinweise in einer EU-Richtlinie – zahllose bürokratische Dokumente, die samt Erweiterungen und Einspruchseingaben belegen, dass die Gedanken von EU-Beamten wie verrückt um das kreisrunde Backwerk kreisen.

Grundlage aller Pizza-Backkünste nach EU-Norm ist die elf Seiten umfassende

VERORDNUNG (EG) Nr. 509/2006 DES RATES vom 20. März 2006 über die garantiert traditionellen Spezialitäten bei Agrarerzeugnissen und Lebensmitteln.

Auf dieser Basis können Anträge zum Eintrag von Lebensmitteln in eine Datenbank traditioneller Produkte gestellt werden, was für die im Titel genannte Pizza denn auch geschah. Demgemäß bewerkstelligte die Kommission eine

Veröffentlichung eines Eintragungsantrags nach Artikel 8 Absatz 2 der Verordnung (EG) Nr. 509/2006 des Rates über die garantiert traditionellen Spezialitäten bei Agrarerzeugnissen und Lebensmitteln (2008/C 40/08).

Diese Veröffentlichung eröffnet die Möglichkeit, nach Artikel 9 der Verordnung (EG) Nr. 509/2006 des Rates (1) Einspruch gegen die Eintragung einzulegen. Der Einspruch muss innerhalb von sechs Monaten ab dieser Veröffentlichung bei der Europäischen Kommission eingehen.

Nach den üblichen bürokratischen Präliminarien folgt in dem zehn Seiten langen Dokument die Beschreibung des Produkts, bei der sich offenbar Amtsträger zu einer sprachlichen Begeisterung aufgeschwungen haben, die man ihnen so gar nicht zugetraut hätte:

Die »Pizza Napoletana« STG ist eine kreisförmige Backware mit variablem Durchmesser von höchstens 35 cm mit erhabenem Teigrand (cornicione) und mit Belag bedecktem Inneren. Das Innere ist 0,4 cm dick, wobei eine Toleranz von ± 10 % zulässig ist, der Teigrand ist 1–2 cm dick. Die Pizza ist insgesamt weich und elastisch und lässt sich leicht wie ein Buch zusammenklappen.

Leicht wie ein Buch ... ein schönes Bild! Das STG hinten bedeutet übrigens *specialità tradizionale garantita* – garantiert traditionelle Spezialität.

Die »Pizza Napoletana« STG hat als Merkmal einen erhöhten Teigrand mit einer für Backwaren typischen goldbraunen Farbe. Sie ist beim Anfassen und im Biss weich; ihr Inneres hat einen Belag, auf dem das Rot der perfekt mit dem Öl vermischten Tomate und, je nach verwendeten Zutaten, das Grün des Oregano und das Weiß des Knoblauchs ins Auge fallen; ebenso das Weiß des Mozzarellas in mehr oder minder dicht beieinanderliegenden Flecken und das durch das Garen mehr oder weniger dunkle Grün der Basilikumblätter.

Das ist doch eher eine Bildbeschreibung als die gewöhnliche Festlegung von Produkteigenschaften, oder? ...

Die Konsistenz der Pizza Napoletana muss weich, elastisch und biegsam sein. Das Erzeugnis ist beim Schneiden weich, hat einen charakteristischen angenehmen Geschmack durch den Teigrand, welcher den typischen Geschmack von gut gegangenem und ausgebackenem Brot hat, kombiniert mit dem säuerlichen Geschmack der Tomate, dem Aroma von Oregano, Knoblauch oder Basilikum und dem Geschmack des gebackenen Mozzarellas.

Mal ehrlich, das kann man auch in der Kirche singen.

Die Pizza verströmt nach beendetem Garungsprozess einen charakteristischen aromatischen Duft. Die Tomaten geben nur das überschüssige Wasser ab und behalten ihre dichte Konsistenz. Der »Mozzarella di bufala campana DOP« oder der »Mozzarella STG« ist auf der Pizza-Oberfläche geschmolzen. Basilikum, Knoblauch und Oregano entwickeln ein intensives Aroma und sehen nicht verbrannt aus.

Aber noch nicht genug damit. Nach dieser geradezu poetischen Schilderung des traditionellen Lebensmittels wird zudem kurz festgelegt, wie das Mehl beschaffen sein muss, das in diesem göttlichen Leckerbissen enthalten sein darf:

Das Mehl hat folgende Merkmale:
– W: 220–380

- *P/L: 0,50–0,70*
- *Absorption: 55–62*
- *Stabilität: 4–12*
- *Value index E10: max 60*
- *Falling number: 300–400*
- *Gluten trocken: 9,5–11 g %*
- *Proteine: 11–12,5 g %*

Nachdem das geklärt ist, erfolgt dann natürlich, ähnlich eloquent, eine Beschreibung des Herstellungsprozesses:

Teigzubereitung
Mehl, Wasser, Salz und Hefe werden vermischt. Man gießt einen Liter Wasser in die Knetmaschine, löst eine Meersalzmenge von 50 bis 55 g auf, gibt einen Mehlanteil von 10 % der vorgesehenen Gesamtmenge hinzu, dann werden 3 g Bierhefe aufgelöst, die Knetmaschine wird in Gang gesetzt, und nach und nach werden 1800 g Mehl W 220–380 bis zum Erreichen der gewünschten Konsistenz, die als »punto di pasta«, bezeichnet wird, hinzugegeben. Dieser Vorgang muss 10 Minuten dauern.

Der Teig muss in der Knetmaschine vorzugsweise mit einem Gabeleinsatz 20 Minuten bei niedriger Geschwindigkeit durchgeknetet werden, bis eine einheitliche kompakte Masse entsteht. Um eine optimale Teigkonsistenz zu erreichen, ist die Wassermenge, die das Mehl aufnehmen kann, sehr wichtig.

Der Teig darf beim Anfassen nicht kleben und muss sich weich und elastisch anfühlen.

Der Teig hat folgende Merkmale, mit einer Toleranz von jeweils ± 10 %:

- Gärtemperatur: 5 °C
- endgültiger pH-Wert: 5,87
- titrierbare Gesamtsäure: 0,14
- Dichte: 0,79 g/cc (+ 34 %)

Da kommen Fragen auf: Handelt es sich hier noch um eine EU-Verordnung? Oder ist das eine versehentlich an die Öffentlichkeit gekommene Textpassage aus einem geheimen Kochbuch ausschließlich für eingeweihte Pizzabäcker? Und die entscheidende Frage: Was hat das noch mit Europapolitik zu tun?

Viel, sehr viel! Die politische Schnittstelle liegt in der bereits am Anfang erwähnten Möglichkeit zum Einspruch. Und in der Tat: Deutschland und Polen sind mit der Verordnung in der vorliegenden Form nicht zufrieden, Deutschland sieht seine Mehlsorten diskriminiert, Polen ist mit dem Namen des Produktes nicht einverstanden, weil dieser die Einzigartigkeit des Lebensmittels nicht hinreichend ausdrücke. Über die Neufassung wird umfassend verhandelt, Deutschland und Italien einigen sich, Polen stellt sich quer, das daraus resultierende Dokument umfasst wiederum zehn Seiten ...

Die Folgen in der Praxis

- Die »Pizza Napoletana« STG wird in Europa kaum mehr hergestellt, weil die EU etwaige Verstöße gegen die diversen Verordnungen das Backwerk betreffend mit hohen Strafen ahndet.
- Tausende auf die »Pizza Napoletana« spezialisierte Pizzabäcker schulen auf Unternehmensberater um oder erschießen sich, weil sie der EU-Richtlinie nicht zu folgen in der Lage sind.

- Zahlreiche Pizzerien gehen europaweit pleite, weil die Kunden, einmal an die geniale «Pizza Napoletana« STG gewöhnt, keinesfalls mehr simple Pizza Margherita oder Pizza Pugliese verzehren wollen.
- Einige wenige Pizzaioli erfüllen alle EU-Standards, erwerben einen Status wie japanische Fugu-Köche und können weiter all ihr Können in den Dienst der Königin aller Pizzen stellen, die dann in ausgesuchten, über Monate hin ausgebuchten Restaurants schon ab 46 Euro zu haben ist – in einer kostengünstigen 25-Zentimeter-Volksausgabe.
- In Brüssel wird ein Denkmal errichtet: Wie eine exotische Sonne schwebt eine riesige »Pizza Napoletana« STG im Maßstab 150:1 über den EU-Bürokraten, das Atomium überragend, so bedeutsam, schön und unerreichbar ...

Nein, mal allen Ernstes: Geht's noch?

Frage auf Leben und Tod: »Feta« oder »Käse in Salzlake gereift«?

Wie kann man eine so wichtige Frage gewöhnlichen Menschen überlassen? Nein, das muss die EU regeln! Die Dokumentation der entsprechenden bürokratischen Belege ersparen wir Ihnen hier, die Pizza Napoletana dürfte Ihnen in dieser Hinsicht noch schwer im Magen liegen.

Kurz zusammengefasst: »Feta« darf künftig nur noch solcher Käse genannt werden, der aus der Milch von Schafen und Ziegen bestimmter Regionen Griechenlands hergestellt wurde.

Feta bedeutet übrigens nichts weiter als *Scheibe (Käse)*. Aber egal und weiter in der Argumentation.

Die wollhaarigen, die Milch für den Käse liefernden Vierbeiner müssen ihre einmalige urgriechische Gras-/Kräutermischung zum Beispiel in den Regionen Makedonien, Thrakien, Epirus, Thessalien, Mittelgriechenland oder auf dem Peloponnes von original griechischem Boden geknabbert haben.

Feta aus anderen Ländern ist nun kein Feta mehr, sondern »Käse in Salzlake gereift«. Die korrekte Bezeichnung für Feta aus Bulgarien, den es ja nun laut EU-Beschluss gar nicht mehr gibt, lautet entsprechend: »Bulgarischer Schafskäse in Salzlake gereift«. Auch die Bezeichnung »Schafskäse aus pasteurisierter Schafsmilch in Salzlake gereift« ist gestattet, wird aber kaum Verwendung finden, denn ihre schiere Länge würde eine Verpackung nötig machen, die der einer Wurst nicht unähnlich wäre …

Die Folgen in der Praxis

Zwar versuchen bereits Hersteller von Schafskäse, der nicht aus Griechenland stammt, durch Umgehungskonstrukte und Ersatznamen von der Popularität des Fetas zu profitieren, indem sie ihre fragwürdigen Produkte Pheta, Balkankäse, Hirtenkäse, Käse nach Balkanart oder auch Salatkäse nach griechischer Art taufen. Das alles wird den Erfolg der EU-Aktion zum Wohle des einmaligen griechischen Fetas aber nicht mindern können. Endlich, Griechenlands Wirtschaft erhält den entscheidenden Impuls: Die total verschuldete Nation wird zu neuer Größe aufsteigen. Anfangs wird Resteuropa noch zweifeln. »Ist es denn wirklich so wichtig, ob ich nun in Salzlake gereiften Schafskäse oder Feta unter meinen Tomatensalat menge?« Mit der Zeit jedoch wird sich das überlegene Produkt durchsetzen, denn schließlich siegte ja auch Apple über Nokia. Feta steigt nach und nach zum Lifestyle-Produkt auf, Menschen kleben Feta-Aufkleber auf die Frontscheibe ihres BMW-Cabrios, in Kreuzberger Gartenrestaurants werden profilierungssüchtige Angestellte von Medienkonzernen lautstark Beschwerden beim bedienenden Personal einlegen, wenn sie versehentlich Salat mit einem Stück in Salzlake gereiften Schafskäse serviert bekamen.

Feta wird *in* sein, angesagt wie sonst kein Käse. Der Feta-Preis wird zu astronomischen Höhenflügen ansetzen.

Hunderte Menschen werden vor jedem Feta-Laden warten, wenn eine frische Charge angeliefert wird, werden vor Glück ohnmächtig werden, wenn sie endlich das EU-Siegel auf ihrem Kauf betrachten können.

Dem griechischen Feta-Schaf (*Ovis orientalis aries fetalis*) und den zuständigen EU-Kommissaren werden zum Danke überall in den griechischen Städten gewaltige Denkmäler errichtet werden, wobei es manchmal schwierig sein dürfte, das Schaf vom EU-Kommissar zu unterscheiden. Alle griechischen Schafe werden vor Glück nicht mehr ein noch aus wissen und lustig umeinand springen. Vielleicht wird Shaun das Schaf nach Athen reisen wie einst Klitschko nach Kiew und sich um die griechische Präsidentschaft bewerben …

Über das Reiten von Steckenpferden: Öl nicht mehr im Kännchen?

Zu den Großtaten der EU-Bürokratie gehört auch der Angriff auf das anonyme Olivenöl in der Gastronomie, 2013 tapfer angeführt vom rumänischen EU-Agrarkommissar Dacian Ciolos. Der wollte, dass auf den Tischen von Restaurants künftig nicht mehr kleine Kännchen oder Karaffen mit fragwürdigem Olivenöl undefinierter Herkunft stehen, sondern nur noch verschlossene und sorgsam etikettierte Einwegflaschen mit Qualitätssorten bis hin zum Jahrgangs-Olivenöl. Von seiner Idee begeistert waren all die Staaten, in denen Olivenöl produziert wird, während die Konsumentenstaaten das Vorhaben mit der Gurkenverordnung verglichen – Regulierungswahnsinn!

Hier ein paar Details aus dem Entwurf der Verordnung:

(2) Um die Qualität und Authentizität der dem Endverbraucher im Hotel- und Gaststättensektor bereitgestellten Öle zu garantieren, sollte die Bereitstellung von Ölen in der Flasche in diesen Einrichtungen in den Anwendungsbereich der Durchführungsverordnung (EU) Nr. 29/2012 aufgenommen werden. Darüber hinaus sollten diese Einrichtungen verpflichtet werden, Ölflaschen mit einem nicht wiederverwendbaren Verschluss sowie einem Sicherheitssystem zu verwenden, das deren Wiederverwendung nach Verbrauch des auf dem Etikett angegebenen Inhalts unmöglich macht.

Aha, es geht also nur um den Schutz des Verbrauchers. Wovor denn?

(3) Zahlreiche wissenschaftliche Studien haben gezeigt, dass Licht und Wärme negative Auswirkungen auf die Qualität von Olivenölen haben. Die besonderen Lagerungsbedingungen sollten daher deutlich auf dem Etikett vermerkt sein, um den Verbraucher über die optimalen Aufbewahrungsbedingungen in Kenntnis zu setzen.

Wie oft werden im Restaurant Gäste völlig unvorbereitet von Olivenöl minderer Qualität attackiert? Wie gern würde sich der Gast bei Luigi oder Miguel nach den optimalen Aufbewahrungsbedingungen des Olivenöls auf seinem Tisch erkundigen, aber sein Ansinnen läuft ins Leere – Miguel und Luigi wissen es nicht! Auch diese ewige gedankenlose Bestrahlung von Olivenöl mit Sonnenlicht – damit muss jetzt Schluss sein, sagt zumindest Dacian Ciolos, der Retter aller Ölgeschädigten. Ab Sonnenaufgang und bis zum Zeitpunkt ihres Gebrauchs müssen die Ölfläschchen mit einer verplombten, lichtdichten UV-Schutzkappe geschützt werden, die nur ein von der EU bestallter UV-Schutzkappenentsiegelungskommissar entfernen darf.

In anderer Hinsicht ist allerdings Transparenz nunmehr Pflicht!

(4) Um den Verbraucher bei der Auswahl von Erzeugnissen zu unterstützen, sollte eine gute Lesbarkeit der verpflichtenden Angaben auf dem Etikett gewährleistet sein. Daher sollten Regeln im Hinblick auf die Lesbarkeit, insbesondere die Schriftgröße, die Homogenität der Textblöcke und die Konzentration der verpflichtenden Angaben im selben Sichtfeld, festgelegt werden. Um eine gute Lesbarkeit der Etiketten zu gewährleisten, scheint eine Schrifthöhe von 2 bis 4 mm je nach Volumen des Behälters angemessen.

Ähm. Was soll das denn, Dacian? Die Homogenität der Textblöcke und die Konzentration der verpflichtenden Angaben im selben Sichtfeld? Sollte man nicht auch noch festlegen, welches Schuhwerk der bedienende Kellner zu tragen hat? Die maximale Anzahl von Fliegen und Stechmücken pro Quadratmeter an der Wand des Restaurants exakt beziffern?

Doch wir sollten lieber beim Öl bleiben:

(5) Um es dem Verbraucher zu ermöglichen, sich von der Frische des Erzeugnisses zu überzeugen, ist die fakultative Angabe des Erntejahres auf dem Etikett nur zulässig, wenn 100 % des Inhalts der Verpackung aus dieser Ernte stammen.

Jahrgangsöle also – welch enormer Qualitätsgewinn! Und was, wenn da einer pantscht?

(7) Die Mitgliedstaaten führen Kontrollen durch, um die Richtigkeit der Angaben auf den Etiketten und die Einhaltung der vorliegenden Verordnung zu überprüfen. Zu diesem Zweck sollten die Kontrollen bezüglich der Übereinstimmung der Verkehrsbezeichnung des Erzeugnisses mit dem Inhalt des Behälters auf der Grundlage einer Risikoanalyse sowie die Sanktionen weiter verstärkt und vereinheitlicht werden. Ein solches Vorgehen sollte auch die Betrugsbekämpfung ermöglichen, indem für alle Mitgliedsstaaten Mindestkontrollanforderungen eingeführt und die der Kommission vorzulegenden Berichte vereinheitlicht werden.

Könnte das nicht zu einem wahren Bürokratie-Moloch führen? Ach so, nein, den haben wir ja ohnehin schon.

Also gut, setzen wir voraus, dass der Schwerverbrecher in Sachen Olivenöl von der SOKO OLIO NATIVO gefasst wurde. Was nun?

(8) Die Mitgliedsstaaten müssen auf nationaler Ebene Sanktionen festlegen. Diese Sanktionen müssen wirksam, verhältnismäßig und abschreckend sein.

Abschreckung. In den Kerker werfen? Auspeitschen? In Olivenöl sieden? Das wäre nur angemessen. Warum das alles? Und warum dann doch wieder nicht?

Um den Verbraucher zu informieren und zu schützen natürlich! Und, na ja, die Produzentenstaaten aus dem Süden der EU befürworteten das Verbot von offenen Ölkännchen in Restaurants tatsächlich in schöner Eintracht, schließlich wollten sie den Verbraucher vor Etikettenschwindel, nämlich vor billigem Öl in teuren Flaschen, bewahren – und natürlich hätten sich auch gewisse neue Möglichkeiten für die Preisgestaltung ergeben …

Aber warum nur lehnten die Konsumentenländer diese *Lex Olio* ab? Warum wollen sie den gesamteuropäischen Ölwechsel nicht?

»Wir haben diesen Vorschlag nicht ausreichend mit den Konsumentenstaaten besprochen«, meinte Dacian Ciolos am 23. Mai 2013, als er die »Aktion Ölfläschchen« vorerst wieder beendete.

Aber der rührige Agrarkommissar gab noch lange nicht auf, stattdessen warf er seine gut geölte Lobby-Maschinerie an:

»Ich werde mich in den kommenden Tagen mit Vertretern von Gastronomen, Verbrauchern und Herstellern treffen, um nach dem besten Weg zu suchen, diese Ziele zu erreichen!«

Klingt wie eine Drohung ...

Die Folgen in der Praxis

Erst einmal keine, aber vielleicht kommt diese schlüpfrige Verordnung irgendwann doch noch durch die gut geschmierte Hintertür. Rechnen Sie damit, dass kurz darauf auch offene und nachfüllbare Salz- und Pfeffersteuer in Restaurants durch versiegelte Behältnisse mit Herkunftsangabe des Inhalts (Himalaya-Salz, Jahrgang 2015) ersetzt werden. Auch der Senf zur Weißwurst schreit förmlich aus seinem tönernen Töpfchen heraus nach präziseren Vorschriften aus Brüssel. Möglich sogar, dass die Zahnstocher im Restaurant einmal nur noch als zertifizierte handgeschnitzte, nummerierte und signierte Einzelstücke erhältlich sein werden.

Speisekarte: Alles, was drin ist, muss drauf!

Dass draufsteht, was drin ist, das ist schon ein Gewinn bei der Auszeichnung von Lebensmitteln. Nur: Woher soll der Gastwirt wissen, was drin ist, wenn er in seiner Gaststätte Frischware verkauft? Er kann ja noch nicht einmal sicher sein, dass seine Pferdefrikadellen frei von Lasagne sind! Nach der gültigen EU-Speisekarten-Verordnung müssen aber Wirte, Restaurantbesitzer und selbst die Betreiber von Imbissbuden ab Dezember 2014 auch bei frischen und unverpackten Lebensmitteln angeben, welches der vierzehn wichtigsten Allergene eventuell enthalten ist. Da sie es nicht wissen (können) – woher auch? –, werden sie alles draufschreiben, um sich nicht eines Verstoßes schuldig zu machen. Das sieht dann etwa so aus:

Dieses Gericht (halbes Hähnchen mit Pommes frites und gemischtem Salat) enthält möglicherweise

- *glutenhaltiges Getreide (Weizen, Roggen, Gerste, Hafer, Dinkel, Kamut oder deren Hybridstämme) und daraus gewonnene Erzeugnisse*
- *Krebstiere und daraus gewonnene Erzeugnisse*
- *Eier und daraus gewonnene Erzeugnisse*
- *Fisch und daraus gewonnene Erzeugnisse*
- *Erdnüsse und daraus gewonnene Erzeugnisse*
- *Sojabohnen und daraus gewonnene Erzeugnisse*
- *Milch (einschließlich Laktose) und daraus gewonnene Erzeugnisse*
- *Schalenfrüchte, d. h. Mandeln, Pistazien, Hasel-, Wal-, Cashew-, Pekan-, Para-, Macadamia- und Queenslandnüsse und daraus gewonnene Erzeugnisse*
- *Sellerie und daraus gewonnene Erzeugnisse*
- *Senf und daraus gewonnene Erzeugnisse*
- *Sesamsamen und daraus gewonnene Erzeugnisse*
- *Schwefeldioxid und Sulfite (Konzentration mehr als 10 mg/kg oder 10 mg/l), ausgedrückt als* SO_2
- *Lupinen und daraus gewonnene Erzeugnisse*
- *Weichtiere und daraus gewonnene Erzeugnisse (wie zum Beispiel Schnecken)*

Die Folgen in der Praxis

Unsere Verzehrgewohnheiten werden sich erheblich verändern. Bevor Sie, lieber Konsument, liebe Konsumentin, sich demnächst Pommes frites rot-weiß zu Gemüte führen, werden Sie natürlich erst die Liste aller möglicherweise enthaltenen Allergene studieren. Hinterher könnte es sein, dass Sie es doch vorziehen, zu Hause das Fertiggericht aus der Konserve zu essen. Aber wieder ist unsere Welt ein bisschen transparenter geworden.

Übrigens: Wir würden uns dringend für folgende Kennzeichnung in Brüssels Amtsstuben aussprechen: Bürokraten-Hirn – kann minimale Reste von gesundem Menschenverstand enthalten.

Krisenpunkt: Konfitüre oder Marmelade?

Früher war alles ganz einfach: Marmelade war ein Fruchtmus ohne Stückchen darin, in Konfitüre war die Frucht noch deutlich zu erkennen, Gelee wurde aus Fruchtsaft hergestellt, und es gab Marmeladen aus einer Frucht und Mehrfrucht-Marmeladen – eigentlich ganz einfach.

Bis die EU zuschlug und die bereits genannten Frühstücksrichtlinien erließ. »Was ist denn eigentlich Marmelade?«, fragten sich irgendwann in den späten 1970er- oder frühen 1980er-Jahren irgendwelche unterbeschäftigten EU-Schreibtischathleten und hatten nichts Besseres zu tun, als eine der gefürchteten verquasten Definitionen zusammenzuschustern, die wir als Brüsseler Bürokraten-Ergüsse so lieben. In diesem Zusammenhang korrigierten sie wenig später auch die Gruppenzugehörigkeit der Tomate, weil die 1986 beigetretenen Portugiesen Tomatenmarmelade lieben und eine Marmelade per Definition ja aus Obst hergestellt werden muss. Seither ist in der EU die Tomate quasi zur Obstsorte mutiert und kein Gemüse mehr.

Das fröhliche Definieren rund um die Frühstücksgewohnheiten erlöste uns bis dato ahnungslose EU-Bürger endlich von einem gefährlichen Irrtum:

Richtlinie 2001/113/EG des Rates vom 20. Dezember 2001 über Konfitüren, Gelees, Marmeladen und Maronenkrem für die menschliche Ernährung

Amtsblatt Nr. L 010 vom 12/01/2002 S. 0067–0072

Dort heißt es dann:

»Marmelade« ist die auf die geeignete gelierte Konsistenz gebrachte Mischung von Wasser, Zuckerarten und einem oder mehreren der nachstehenden, aus Zitrusfrüchten hergestellten Erzeugnisse: Pülpe, Fruchtmark, Saft, wässriger Auszug, Schale.

Die für die Herstellung von 1000 g Enderzeugnis verwendete Menge Zitrusfrüchte beträgt mindestens 200 g, von denen mindestens 75 g dem Endokarp entstammen.

Hä? Endokarp? Nie gehört! Tja, lieber EU-Bürger, EU-Mitarbeiter sind wahre Experten! Das ist doch ganz einfach:

Die innere Epidermis des Perikarps wird als Endokarp, die äußere Epidermis als Exokarp bezeichnet, dazwischen liegt das

Mesokarp, das bei den Zitrusfrüchten wegen seiner weißen Farbe auch als Albedo (von lat. albedo <inis> f., weiße Farbe, Weiße, das Weiß) bezeichnet wird.

So weiß es schon Wikipedia. Endokarp hin oder her, nun zurück zu unserem seit Jahrhunderten gepflegten kollektiven Irrtum: Marmelade ist nicht etwa einfach ein süßer Fruchtaufstrich aus Früchten, sondern – hört, hört! – muss laut EU-Richtlinie aus Zitrusfrüchten hergestellt sein.

Wie es zu dieser ebenso präzisen wie abwegigen Definition und damit auch zur Abkehr von Erdbeere und Kirsche kam? In England ist *marmelade* ein für Resteuropäer kaum genießbares Mus aus bitteren Orangen, und das wollten sich die Briten auch begrifflich nicht nehmen lassen. Also wurde die festlandseuropäische Marmelade per Verordnung wegdefiniert und das Rezept anglisiert: Marmelade muss jetzt mindestens 200 g pro Kilogramm Zitrusfrucht-Anteil vorweisen, wobei der Fruchtanteil aus Fruchtstücken, Fruchtmark, Saft oder Schale der betreffenden Zitrusfrüchte bestehen kann. Und außerdem greift auch noch das Reinheitsgebot für Zitrus-Marmelade: Außer besagtem Fruchtanteil sind bloß noch Wasser und Zucker erlaubt. Allerdings gelten diese Regelungen nur für Hersteller und Großhändler.

Und damit die Sache noch ein wenig transparenter wird, gibt es seit 2003/2004 zusätzlich eine Reihe von Ausnahmeregelungen: Kleinerzeuger können ihre eingekochten Früchte weiterhin wie früher Marmelade nennen. In Deutschland ist die Bezeichnung Marmelade generell erlaubt, nur auf Packungen für den Export muss Konfitüre stehen. Auch in Dänemark und Griechenland muss Marmelade nicht mehr als Konfitüre oder unter dem Ladentisch gehandelt werden. Und zu guter Letzt ist in Österreich alles anders. Dort war die Bezeichnung »Marillenmarmelade« bis 2006 verboten, ein Wirt in der Wachau sollte 150 Euro Strafe zahlen, weil er seine Marillenmarmelade nicht EU-korrekt Aprikosenkonfitüre genannt hatte. Nach einem mittleren Volksaufstand heißt die Marillenmarmelade seit 2006 wieder Marmelade.

Die Folgen in der Praxis

Blicken Sie noch durch? So viel steht fest: Wer seinen Brotaufstrich nur an Endkunden verkauft, darf ihn nennen, wie er will, Fruchtpampe oder Lörioplörio oder Pflaumenmix – oder eben Marmelade. Das Schöne und Erbauliche an dieser EU-Bestimmung ist jedoch, dass sie konsequent missachtet wird. Zwar müssen sich die Hersteller für ihre Exportprodukte an das EU-Regelwerk halten, aber sonst kräht kein Hahn danach. Mutti kocht zu Hause weiter Marmelade aus Erdbeeren, Kirschen, Aprikosen, Rhabarber oder Johannisbeeren, nur nicht aus Orangen, und schon gar nicht aus bitteren (ätsch!). Und ich trinke gleich einen Tee und esse dazu eine Scheibe Rosinenbrot mit Erdbeermarmelade! Erdbeermarmelade! Erdbeermarmelade! Fuck you, EU!

EU-Sprachregelungen: Analogkäse wird zu Pizza-Mix

Schon der Name ist ein Unding: Analogkäse lässt vermuten, dass es auch Digitalkäse gibt, aber ausschließlich aus Nullen und Einsen lässt sich kein Lebensmittel herstellen. Wohl aber produziert manche Firma ein widerwärtiges Lebensmittelimitat aus viel Fett, Milcheiweiß, Stärke, Wasser und Geschmacksverstärkern – eben besagten Analogkäse. Der darf sich nach EU-Richtlinien allerdings nicht mehr Käse nennen, und auch das irreführende Wort Analogkäse darf nicht mehr auf der Packung stehen.

Wer nun jedoch annimmt, die EU verpflichte die Hersteller von Lebensmitteln dazu, die Kennzeichnung »Käsegehalt: 0 %« oder das hässliche Wort »Käseimitat« in Mindestschriftgröße auf die Packung zu schreiben, wenn Analogkäse drin ist, der irrt.

Die Folgen in der Praxis

Die Lobbys (Analogkäse-Lobby? Junkfood-Lobby?) haben sich durchgesetzt, und der Hersteller darf a) die Pampe weiter herstellen und verkaufen und b) alles Mögliche auf die Packung schreiben, nur eben nicht das magische Wort »Käse«. Aber nichts spricht dagegen, dass zum Beispiel »Pizza-Mix« oder »Gastromix« draufsteht. Kreative Hersteller, die das nahrungsähnliche Produkt noch besser vermarkten wollen, werden sicherlich auf noch griffigere Namen kommen. »Kasolino«, wenn es die Mini-Pizza für den Kindergarten ist. »Der Gelbe mit den Löchern«, wenn das Imitat Emmentaler ersetzen soll. Dabei wird dem mündigen EU-Bürger vor allem eines klar – die professionelle, von der Bürokratie unterstützte Konsumenten-Manipulation geht weiter.

Im Sinne der Aufklärung war sicher auch die folgende Initiative gedacht – man muss den ungebildeten Europäern doch mal klarmachen, dass man nur Wein nennen darf, was aus Trauben hervorgegangen ist …

Wein nur noch aus Trauben: Äppelwoi ade!

Irgendwann im Jahr 2007 kam die dänische EU-Agrarkommissarin Mariann Fischer Boel – möglicherweise im beruflichen Normalzustand (chronische Unterbeschäftigung) oder auch nach dem Genuss einiger anregender Getränke – ins Grübeln. Ihre Gedanken kreisten um und um, und statt wie normale Menschen über den nächsten Urlaub, den Sinn des Lebens (frei nach Douglas Adams' 42!) oder die gigantische Größe des Universums nachzudenken, geriet sie in die Fänge einer bei EU-Bürokraten weit verbreiteten Form einer Denkstörung: Sie entwickelte die Manie, die Realität mithilfe von übergenauen Definitionen erträglicher machen zu können – erträglicher für zwanghafte Ordnungsfanatiker.

Dass sie genau diese eine Frage nach dem Wesen des Weines stellte, lag vielleicht daran, dass Dänen ja ohnehin als große Weinexperten bekannt sind und die Dame vielleicht von dem einen oder anderen Gläschen der Flüssigkeit motiviert war, um die es gehen sollte. Die Frage lautete:

Was ist denn eigentlich Wein?

Philosophisch-hintergründig sinnierend und wohl währenddessen die eine oder andere weitere Flasche des Getränks konsumierend, kam sie zu dem Schluss, dass Wein ein Getränk zu sein habe, das aus Weintrauben (daher der Name) gekeltert sein muss.

Von der Größe ihres eigenen Gedankens beeindruckt und erleuchtet vom vergorenen Traubensaft, blickte besagte dänische Agrarkommissarin von ihrem Wolkenkuckucksheim auf die Niederungen der Realität hinab und entdeckte: Ha, da ist die Welt ja völlig in Unordnung, da hält sich ja kein Schwein dran, es gibt Apfelwein, Brombeer-, Kirsch-, Erdbeer-, Holunderweine und sogar Honigwein! Unhaltbare Zustände sind das! So etwas gehört verboten! Sofort! Und sie sprach: »Höret, denn ich bin erleuchtet von Dionysos selbst, in Zukunft soll nur noch Wein sein, was aus der gequetschten Traube und dem fröhlich fließenden Most gewonnen wurde. Wahrlich, so sage ich euch!«

Leider vergaß sie ihren Anflug von Hirnflatulenz auch am nächsten Morgen nicht, denn der segensreiche Blackout, welcher die Welt frühzeitig vor einem weiteren EU-Verordnungs-GAU bewahrt hätte, blieb in ihrem Falle aus. Das Gesetzeswerk nahm seinen Weg und – scheiterte dann doch, denn sie hatte die Rechnung ohne die Hessen gemacht. Was für ein Segen!

Dieser wilde Volksstamm der Apfelweintrinker ging nämlich sofort auf die Barrikaden, um das archaische Getränk – auch benannt mit den furchtbaren mundartlichen Namen Äbbelwoi, Ebbelwoi, Öbbelwoi oder Ebbelwei (Aussprache je nach Kontaminationsgrad) –, aus dem er all seine Kraft bezog, dem administrativen Zugriff durch die Europäische Union zu entziehen.

Allen voran in der Phalanx der Streiter schritt der damalige hessische Ministerpräsident Roland Koch, der seither den Ehrentitel »Retter des Stöffjes« trägt. Er rief nämlich eine Initiative »Rettet unseren Apfelwein« ins Leben, was ihm auch gut in den Wahlkampf passte. Gegner des Entwurfs der neuen Brüsseler Weinmarktordnung formulierten unter anderem eine Mainzer Resolution, welche auch von den berufsständischen Vertretern der Versammlung der Weinbauregionen Europas (AREV) unterstützt wurde, pfuschte die neue Weltweinordnung der EU den Weinbauern doch auch sonst in jeder erdenklichen Weise ins Handwerk.

Die Folgen in der Praxis

Roland der Retter und die treue Schar der Interessengruppen und Weinlobbyisten aus allen EU-Ländern hatten Erfolg mit ihrem massiven Protest. Damit war die Sache vom Tisch, und man hat nie wieder etwas von dieser Verordnung gehört. Prosit!

Mariann Fischer Boel jedoch zog sich 2010 aus ihrem Amte zurück, wohlversorgt, denn die EU hatte wohl in all den Jahren einen warmen Regen auf die verschiedenen Bauernhöfe ihres Mannes niedergehen lassen – Subventionen nämlich, mehr als 50 000 Euro im Jahr.

Und auch Europas Milchbauern werden sie immer in Erinnerung behalten als die einsame Kämpferin, welche die Milchquote abzuschaffen half ... Wenn nicht den Apfelwein, dann eben die Milchquote – irgendwas musste sie einfach abschaffen ...

Etikettenschwindel: Die EU unterstützt Mogelpackungen

Standardverpackungen sind lästig – lästig für Hersteller und Händler. Bis zum Jahr 2009 war es bei Milch, Saft oder Schokolade ganz einfach, den Preis zu vergleichen. Nehmen wir zum

Beispiel die Schokolade: Eine Tafel Schokolade wog 100 g – immer und überall und von jedem Hersteller, auch die quadratische. Preiserhöhungen schlugen sofort durch: Wenn der Händler zum Beispiel für eine Tafel Schokolade 1,25 Euro statt bisher 1 Euro haben wollte, erkannte das der Kunde auf den ersten Blick.

Seit der EU-Verpackungsverordnung vom 11. April 2009 funktioniert das anders. Die Tafel Schokolade, jetzt 80 g schwer, kostet 1 Euro. Versteckte Preiserhöhung? Das ging doch ganz einfach! Irreführende Verpackung, geringerer Inhalt, selber Preis! Klopfen wir die Schokolade noch etwas flacher, sodass sie nur noch 67,5 g wiegen muss, um den Eindruck gleicher Größe zu vermitteln, und lassen wir den Preis, wie er zuvor war. Preiserhöhung: 19 %, aber der doofe Kunde merkt es nicht. Ja, irgendwo auf der Verpackung muss der Kilopreis, der sogenannte Grundpreis, angegeben werden – aber mal ehrlich, lesen Sie beim Einkaufen den Text hinten auf Ihrer Schokolade?

Milchtüten, vor dem April 2009 nur in Mengen von 1000 ml zu haben, können jetzt 287 ml oder 634 ml enthalten. Irgendein skrupelloser Verpackungsdesigner bastelte die richtige Umhüllung, und schon hat der Kunde das Nachsehen. Nur noch die Säufer können sich in Sicherheit wiegen: Für Alkoholika wie Wein, Sekt und Schnaps gelten weiterhin gewisse Normgrößen.

Irgendwie wirkte die EU-Verpackungsverordnung wie eine Initialzündung. Auch bei nicht vom Normgewicht betroffenen Produkten entdeckte man plötzlich die Mogelpackung mit geringerer Stückzahl. Wie meinen Sie? Ein anständiger Hersteller würde so nicht mit seinen Kunden umspringen? Da gibt es eine schwarze Liste bei der Verbraucherzentrale, die ganz anderes sagt. Bei Pampers zum Beispiel verschwanden auf rätselhafte Weise vier Windeln aus der Verpackung, der Preis blieb gleich, versteht sich. Auf die Preiserhöhung angesprochen, erklärte der Hersteller Procter und Gamble, die hohen Investitionen in Forschung und Qualität würden eine Preiserhöhung nötig machen. Und außerdem stehe ja deutlich lesbar auf der Packung, wie viele Fäkalverhüterli drin seien.

Rückfrage: Was bitte erforscht man aufwändig an einem Produkt, das nichts weiter leisten muss, als einen Haufen Scheiße und etwas Flüssigkeit (nein, nicht die blaue) aufzufangen? Kacken und pinkeln etwa riesige Hallen voller Normbabys für den Konzern? Wühlen hoch dotierte Wissenschaftler in deren Produkten? Oder sind hier die hinterlistigen Marketingexperten gemeint, die für den Konzern erforschen, wie man aus Scheiße noch mehr Geld machen könnte?

Ebenfalls beliebt bei den Herstellern: die Argumentation mit dem Single- oder Seniorenhaushalt, der gern und immer häufiger zu kleineren Verpackung greife, um unnötige Reste zu vermeiden. Unheimlich praktisch für einen Single, wenn ein Twix-Riegel statt 60 g jetzt nur noch 58 g wiegt! Toll, dass er von Bertolli jetzt nur noch 400 g Sauce statt bisher 500 g bekommt – zum selben Preis, wie Sie sich denken können! Alles für den Single! Seifenstücke schrumpfen von 125 g auf 100 g, Frischkäse verliert 25 g an Gewicht in der 200 g-Packung, und Maggi liefert die Hühnersuppe mit Tierfiguren jetzt nur noch mit drei Portionen pro Packung statt wie bisher mit vier, vermutlich eingedenk der schrumpfenden Familiengröße. Selbst das Haustier muss den Gürtel enger schnallen (Gürteltier?): vier statt sechs Kaustangen pro Packung, daran hat Waldi schon zu knabbern.

Die Folgen in der Praxis

Nein, die EU-Verpackungsverordnung vom 11. April 2009 ist nicht an jeder dieser versteckten Preiserhöhungen schuld, aber sie hat in vielen Fällen die Täter erst auf die geniale Idee gebracht. Einen schönen Dank nach Brüssel! Man sollte dieses Verfahren für die Eurokraten übernehmen: Es wäre schön, wenn das EU-Parlament in der kommenden Legislaturperiode nur noch 600 statt wie bisher 751 Abgeordnete umfassen würde ... Das wäre die einzige Schrumpfkur, die vermutlich niemandem schaden würde.

Perspektiven für die EU-Konsumenten-Bevormundung

- Das unglaublich dreiste Ding mit den Ölkännchen hätte eine ähnliche Regelung für Trinkwasser ganz generell nach sich ziehen können. Das hätte der EU-Kommission, die einer Privatisierung der Trinkwasserversorgung ohnehin das Wort redet, sicher gut gefallen. Zertifiziertes Trinkwasser in 0,2-l-Fläschchen mit EU-Siegel, Jahrgangs-, Gewinnungs- und Herkunftsangabe – eine so aufgewertete Ware hätte einen ökonomisch sinnvollen Verkaufspreis möglich gemacht (so um einen Euro pro Liter). Auf der hochwertig gestalteten Flasche aus minderwertigem Kunststoff hätte der Käufer dann lesen können: »Lebensborn Premium« by Nestle, Jahrgang 2015, Uferfiltrat Emscher, Gelsenkirchen-Horst.
- Die Marmelade aus Zitrusfrüchten stellt einen ersten Schritt in die Richtung auf eine freie, kreative Umbenennung aller Lebensmittel dar. Wenn aus Marmelade per EU-Definition plötzlich Konfitüre werden kann, so ist es auch möglich,

dass die Mayonnaise eines Tages den Namen Senf tragen muss oder dass Sauerkraut als Nudelgericht verkauft werden darf.

- Die Frühstücksrichtlinien gelten noch, und die in den Augen mancher EU-Abgeordneter nach wie vor großartige Idee vom »Einheitskäse« wird sicher in den Hinterzimmern weiterverfolgt. Wenn es gelingt, einen Fastfood-Konzern als Sponsor zu gewinnen und man wie bei den Sämereien eine sanft, aber bestimmt regulierende EU-Behörde für Lebensmittelvielfalt etablieren kann, könnte es gelingen, die europäische Ernährung auf übersichtliche zehn bis zwölf standardisierte Produkte zu vereinheitlichen. Die europäische Jugend ernährt sich ja ohnehin von Spaghetti, Döner, Hamburgern, Pizza und Kartoffelchips. Auch die Auswahl an typisch europäischen Getränken wäre dann übersichtlicher.
- Das Kirschwasser im Kirschkuchen verlangt nach bürokratischer Präzision, und deshalb sollte die EU-Kommission dringend darauf hinarbeiten, dass Produkte wie Babyöl und Sonnencreme auch die entsprechenden Zutaten enthalten. Alles andere wäre Etikettenschwindel …
- Nachdem die EU ihre Bürger durch die Erkenntnis der elektrischen Leitfähigkeit von Honig verblüfft hat, könnte sie mit erweiterten physikalischen Untersuchungen anderer Lebensmittel und Substanzen des täglichen Gebrauchs für neuerliche Aha-Erlebnisse sorgen. Schöne Arbeits- und Regulierungsgebiete für Experten böten zum Beispiel der Verlauf magnetischer Feldlinien bei Büroklammern, die radioaktive Halbwertszeit von Hühnerfutter, die exakte Farbfestlegung von Ketchup nach RAL und die Lichtbrechungseigenschaften alkoholfreier Biere.
- Wie bereits im betreffenden Kapitel angedeutet, könnte die Übertragung der Normanforderungen für Gurken auf alle

gurkenförmigen Objekte im europäischen Raum für neuerliche öffentliche Aufmerksamkeit sorgen. Mit der Proklamation der Banane als gelber Schwester der genormten Gurke wurde ja schon ein schöner Anfang gemacht. Aber noch ragen andere vegetabile Objekte unreguliert in den Zuständigkeitsbereich der Kommission. Nicht, was Sie wieder denken – wie wäre es zum Beispiel mit einer Normung für Brühwürstchen oder Knicklichter?

- Zu den beeindruckenden Leistungen der EU-Bürokratie gehört der selbstlose Kampf für Feta und das griechische Schaf sowie die Pizza Napoletana (STG). Dem kritischen EU-Bürger stellt sich sofort die Frage: Warum nur diese Pizza? Wo bleibt die EU-Richtlinie für Pizza Pugliese oder Calzone STG? Und warum nur Feta? Andere Nationen produzieren doch auch jede Menge Käse. Und bei den Herstellern regionaler Spezialitäten steht schon seit einiger Zeit die Forderung im Raum: »Ich will auch so eine EU-Richtlinie für meinen Pfälzer Saumagen instant!« Und warum wird die superleckere Holunder-Knoblauch-Marmelade unserer Oma nicht von der EU durch eine Richtlinie in allen europäischen Sprachen geschützt?
- Auch wenn's ein Scherz war: Nicht nur die Errettung des grillenden EU-Bürgers aus der permanenten Gefahr einer verkohlten Wurst durch die Grillgitternormierung sollte das bürokratische Europa ins Auge fassen. Mehr Sicherheitsbestimmungen in allen Alltagsbereichen sind dringend nötig. Schließlich tackern sich in Europa Leute Metallklammern ins Knie, fahren, ihrem Navi folgend, blind in Flüsse und ertrinken oder geraten mit dem Schlips in den Aktenvernichter.

Big Brother EU – Bürokraten regeln Heim und Hobby

Die Welt da draußen ist böse. Das wissen Sie.

Sie stehen auf Cocooning, verbringen die meiste Zeit in den eigenen vier Wänden, weil Sie dort der ganze Irrwitz nicht erreicht? In den eigenen vier Wänden ist man sogar vor Staat und Europäischer Union sicher, glauben Sie? Sie naiver Optimist! Was für ein epochaler Irrtum! Rauchen Sie Ihre letzte Zigarette als unschuldiges Dummerchen, denn wenn Sie weiterlesen, wird bei Ihnen zu Hause nachher nichts mehr sein, wie es war. Versprochen!

Raucher geschockt: Eine Schachtel Horror bitte!

Nicht genug damit, dass Raucher jetzt im Regen stehen oder bei markigen Frösten draußen vor der Kneipe ihrer Sucht frönen müssen. Seit 2014 dringt das EU-Horrorregime auf neue Weise sogar bis ins eigene Heim vor. Seit die neue, verschärfte EU-Tabakrichtlinie verabschiedet wurde, führen Raucher kein sehr angenehmes Leben mehr. Schon der Griff zur Schachtel wird zum verschärften Schock-Erlebnis.

Nicht nur, dass ihnen das erfrischende Menthol in der Zigarette künftig verboten sein wird, welches die Schadstoffe im Rauch so richtig schön lungengängig machte. Hinzu kommt, dass nun mindestens 65 Prozent der Packungsfläche mit drastischen Warnhinweisen (»Rauchen tötet!«) und Horrorbildern von Raucherkrankheiten bedeckt sein müssen – zwei Drittel der

Schachtel, die bisher dem Markenimage zugutekamen! Das soll Raucher – und vor allem jugendliche Neueinsteiger – vor den tückischen Glimmstängeln bewahren.

Gut, jedes Jahr sterben in der EU etwa 700 000 Menschen an den Folgen ihrer Nikotinsucht. Da ist es ja sozusagen Pflicht, ein drastisches Bild eines Lungenkarzinoms auf jede Schachtel Zigaretten zu drucken. Schon um das eigene Gewissen zu beruhigen, denn wenn das Rauchen doch so gefährlich ist, warum verbietet man es dann nicht ganz?

Ach ja, da sind ja auch noch die Steuereinnahmen, die einfach so wegbrechen würden, immerhin 14,1 Milliarden Euro jährlich allein in Deutschland, nach der Mineralölsteuer die Verbrauchssteuer Nummer zwei.

Und so makaber es sich auch anhört: Letztlich ist das Rauchen ein wichtiger Einsparungsfaktor für das Gesundheitssystem. Auch wenn die Krankenkassen ganz andere Zahlen in die Welt setzen – Raucher sparen eine Menge Geld ein, denn sie sterben früh und kostengünstig, werden gar nicht so alt, als dass sie an kostenintensivem Alzheimer erkranken würden, und müssen nicht im hohen Greisenalter mit einer Unzahl von medizinischen Anwendungen und Reha-Maßnahmen weiter am Leben erhalten werden. Nein, für die Krankenkassen ist sie ganz und gar nicht gesund, die ständig steigende Zahl von drahtigen, weit über 80 Jahre alten Gesundheitsaposteln, die dann doch langwierig und teuer aus dem Leben scheiden.

Die Folgen für die Praxis

Folgen wir einmal dieser überzeugenden Logik der Tabakrichtlinie und denken ihre Mechanismen für andere Themen-Zusammenhänge weiter:

- Jedes Jahr sterben allein in Deutschland über 15 000 Menschen an Infektionen, die sie sich im Krankenhaus einfingen. Ein Hinweisschild am Eingang, der mindestens 65 % von dessen Gesamtfläche abdeckt, ist also dringend angeraten: »Das Betreten eines Krankenhauses kann tödlich enden!« oder »Krankenhauserreger können jeden erwischen!« Dazu ein paar lustige Wundbrandbilder ...
- Die WHO warnt vor Übergewicht und Fettleibigkeit als einer weltweiten Epidemie. Auf dem Planeten Erde gelten 1,4 Milliarden Erwachsene als übergewichtig, ein Drittel davon als fettleibig. Wo bleiben aber die Warnhinweise auf Schokoriegeln, Popcorn, Hamburgern und Pommes-frites-Verpackungen? »Pizza macht fett!« – »Der Konsum von Zucker tötet!« – »Dieses Nahrungsmittel macht zuckerkrank!« Logisch, dass auf jeder Verpackung ein Bild von der Beerdigung des dicksten Menschen aller Zeiten prangen muss, aufgenommen aus einer Perspektive, bei der der Schwerlastkran die Leiche nicht verdeckt.
- Oder der Straßenverkehr: »Die Begegnung mit einem Automobil kann tödlich enden!« Dazu das Bild eines enthaupteten Verkehrsopfers.
- Bei der Ausstrahlung von Sendungen des Privatfernsehens wiederum müssten eigentlich 65 % des Bildschirms von Warnhinweisen der Art »Dieses Programm kann zu massiver Verblödung führen!« oder »Der Konsum dieses Splattermovies kann geistige Verwirrung und Amokläufe zur Folge haben!« bedeckt sein.

Genug? Nein, noch lange nicht! Auch die Kennzeichnung von Politikern ist dringend angeraten.

- So würden etwa Mitglieder der Partei Die Linke folgende wichtige Hinweise auf 65 % Körperfläche der Kanzlerin Angela Merkel befürworten: »Diese Kanzlerin verursacht Armut und Chancenlosigkeit.« – Die Bilder dazu stellen Sie sich bitte selbst vor.
- Die Vertreter von Bündnis 90/Die Grünen wiederum sähen gerne folgende Worte auf zwei Dritteln der Körperfläche von EU-Kommissar Günther Oettinger: »Dieser Politiker sorgt dafür, dass Ihr Auto weiterhin Treibstoff verschwenden darf!« Dazu Bilder von einem unterhaltsamen Klimaerwärmungs-Panorama.
- Empfehlenswert für Martin Schulz (SPD) wäre die folgende Beschriftung, schon um internationale Zerwürfnisse zu vermeiden: »Dieser Politiker kann Israels Parlament nachhaltig schocken.«
- Eine klare Kennzeichnung wie folgt von Jean-Claude Juncker hätte das lächerliche Gerangel um den Präsidentensessel der EU-Kommission 2014 vielleicht verhindern können: »Die Person dieses Politikers führt bei britischen Kollegen zu massiver Ablehnung und kann zu EU-Austritten führen.«

Brennendes Problem: Die Zündneigung von Zigaretten

Wie bereits das letzte Kapitel belegt hat, liegen der EU ihre Raucher auf besondere Weise am Herzen. Nicht nur, dass ihnen markige Sprüche und Ekelbilder auf den Zigarettenschachteln den Rauchgenuss vergällen sollen, nicht einmal der traditionelle, durch den übermäßigen Genuss von Alkohol begünstigte Raucher-Tod durch versehentliches In-Flammen-Aufgehen soll ihnen bleiben. Diese Art, aus dem Leben zu scheiden, soll durch EU-Vorschriften ein für alle Mal gebannt werden. Deshalb nimmt die EU-Kommission die Zündneigung von Zigaretten ins Visier.

Sie wussten bisher gar nicht, was das ist: die Zündneigung? Hier erfahren Sie alles:

2011/496/EU: Durchführungsbeschluss der Kommission vom 9. August 2011 betreffend die Übereinstimmung der Norm EN 16156:2010 »Zigaretten – Beurteilung der Zündneigung – Sicherheitsanforderung« und der Norm EN ISO 12863:2010 »Normprüfverfahren zur Beurteilung der Zündneigung von Zigaretten« mit der allgemeinen Sicherheitsanforderung der Richtlinie 2001/95/EG des Europäischen Parlaments und des Rates und die Veröffentlichung der Verweise auf die Normen EN 16156:2010 »Zigaretten – Beurteilung der Zündneigung – Sicherheitsanforderung« und EN ISO 12863:2010 »Normprüfverfahren zur Beurteilung der Zündneigung von Zigaretten« im Amtsblatt der Europäischen Union (Bekanntgegeben unter Aktenzeichen K(2011) 5626) Text von Bedeutung für den EWR

Alles klar? Im August 2011 haben EU-Beamte in genau diesem Durchführungsbeschluss (2011/496/EU) festgelegt: Seit dem 17. 11. 2011 dürfen in den 28 Staaten der EU nur noch Zigaretten mit »verminderter Zündneigung« verkauft werden, die den typischen *worst case* verhindern sollen.

Der charakteristische Unfallhergang: Typ schleppt sich total betrunken in sein Schlafzimmer, haut sich in voller Bekleidung auf sein Bett, fummelt noch eine letzte Zigarette aus der halbleeren Schachtel und zündet sie unter größten Mühen an. Er nimmt einen Zug, fällt dann hintenüber und schläft mit brennender Zigarette ein ...

Wenig später – er weiß nicht, wie viel Zeit vergangen ist, aber das ist jetzt ohnehin gleichgültig – wacht er auf, sieht als schwebende Seele von oben auf seine miese irdische Hülle herab, erkennt sich aber nur mit größter Mühe wieder, da er inmitten von gewaltigen Rauchschwaden liegt und/oder wie ein Brathähnchen aussieht. Er ist, mit anderen Worten, also tot, weil seine Zigarette die ganze Bude in Brand gesteckt hat.

Dieses Schicksal wird ihm künftig erspart bleiben: Die neuen EU-Sicherheitszigaretten lassen sich nur schwer anzünden und gehen sogar aus, wenn der Raucher nicht durch kräftiges Ziehen für Sauerstoffzufuhr zur Verbrennung sorgt. Sie sollen Brände verhindern helfen und dadurch, so kalkuliert man, in Europa jährlich 500 bis 700 Menschen das Leben retten – das diese dann ein paar Jahre später durch andere Folgeerkrankungen des Rauchens verlieren werden.

Der Unfallhergang ist dann kein tragischer Unfallhergang mehr, und die oben geschilderte Szene spielt sich so ab: Mensch ist besoffen, Zigarette brennt, Mensch schläft ein, Zigarette geht aus.

Nichts wird es mit der dramatischen Nummer »schwebende Seele«!

Die Folgen in der Praxis

Einerseits beweisen Zahlen aus den USA, dass es funktioniert: Dort sank die Zahl der Brände, die durch vergessene Zigaretten verursacht wurden, von 334 000 im Jahr 1980 auf 115 000 im Jahr 2008. Diesen schönen Erfolg nimmt sich die EU zum Vorbild: Es gelten nunmehr die EU-Normen EN 16156:2010 »Zigaretten – Beurteilung der Zündneigung – Sicherheitsanforderung« und EN ISO 12863:2010 »Normprüfverfahren zur Beurteilung der Zündneigung von Zigaretten« – kein Glimmstängel, der sie nicht erfüllt, darf über die Ladentheken gehen oder den Automaten verlassen.

Andererseits quälen sich nun auch europaweit Millionen von Rauchern mit der Aufgabe, ihre Zigarette – kontinuierlich an ihr saugend wie an der Mutterbrust – in Brand zu halten. Zusätzlicher Genuss oder Strafe für Drogenkonsum? Entscheiden Sie selbst.

Raucher reagierten online auf die neue Bestimmung: Es gibt einen Facebook-Account unter dem Namen: »Ich hasse die neuen Kippen mit verminderter Zündneigung.« Kommentar dort: »Jetzt muss man am Glimmstängel hängen, um 'ne glühende Kippe zu haben!«

Doch das wird nicht alles sein. Irgendwann werden Raucher hassende, unterbeschäftigte EU-Kommissare diese Bestimmungen noch verschärfen. Zigaretten dürfen dann erst zu brennen beginnen, wenn sie länger als 60 Sekunden einer mindestens 400 °C heißen Flamme ausgesetzt wurden, und müssen augenblicklich erlöschen, wenn der Sauerstoffgehalt der umgebenden Atemluft unter 20,95 % sinkt oder bereits vor dem Zündzeitpunkt unter diesem Wert lag. Auf den Straßen jeder Großstadt werden sich Männer und Frauen mit wirrem Haar in konvulsiven Zuckungen auf dem Pflaster winden, es wird zu aggressiven Straftaten kommen, die eine neue Ursache haben:

Zündfrust. Völlig entnervte Raucher werden Schaufensterscheiben und Bushaltestellen demolieren und auch Passanten zusammenschlagen, aus dem einen einfachen Grund: weil ihre Fluppe nicht brennen will.

Im nächsten Schritt dürfen Raucher dann nur noch zwischen 23 Uhr und 6 Uhr Nikotin konsumieren, und das auch nur a) unter freiem Himmel und b) mindestens 150 m von jeder menschlichen Behausung entfernt, inklusive ihrer eigenen ...

Krankenkassen werden sich nicht nur weigern, für die gesundheitlichen Folgen des Rauchens aufzukommen, sondern es auch ablehnen, die Kosten für im Winter auftretende Frostbeulen zu übernehmen, wenn die betreffende Person nachweislich Nikotin im Körper hat ... Das wird hart.

Auf den Schreck wollen wir nun aber erst mal eine rauchen.

Der letzte Strohhalm: Rauchen Sie doch elektrisch!

Sie sollen »gesünder« sein als ganz gewöhnliche Zigaretten und beglücken ihre Raucher mit ganz besonderen Aromen: Die Liquids für die elektrischen Glimmstängel werden in den »Geschmacksnoten« Apfel, Ananas, Baileys, Brandy, Bubblegum, Caramel, Coffee Shop, Chocomint, Menthol, Grüner Tee, Honigmelone, Kirsche, Kiwi, Kirschlikör, Marzipan, Nelke, Oba Oba (wonach immer das schmecken mag), Orange, Piña Colada, Pfefferminz, Vanille, Waldfrüchte, Zimt oder Zen Garden angeboten.

Die Gesundheitsminister der EU wollen allerdings schon seit langer Zeit, dass die EU-Tabakrichtlinie auch für sie gilt, selbst wenn sie gar keinen Tabak enthalten. Auch über Zusatzstoffe wie das Propandiol, das auch in Kosmetika und Medikamenten eingesetzt wird, grübelte der Amtsschimmel lange. Übrigens: Nikotin ist in den flüssigen Rauchmischungen ebenfalls drin, aber das ist für Brüssels Bürokratie offenbar nur einer von mehreren Gründen für eine strenge Reglementierung.

Seit 2014 gibt es nun EU-weite Regeln für E-Zigaretten. Die ursprünglich angestrebte Apothekenpflicht wurde zwar gestrichen, und auch Tabakläden dürfen E-Zigaretten verkaufen. Das Gebräu, das in dem kleinen Röhrchen verdampft wird, darf allerdings nicht mehr als 20 mg/ml Nikotin enthalten.

Die Regelungswut der EU-Bürokraten kennt eben keine Grenzen und greift immer weiter um sich! Ob E- oder ohne, ob Tabak oder nicht: Zigarette ist Zigarette, also greift die Tabakrichtlinie!

Ein Kölner Gastwirt ließ sich jedoch nicht alles bieten, ging dagegen vor Gericht, und die Stadt Köln unterlag im Prozess. Seither dürfen E-Zigaretten nun auch in der Kneipe konsumiert werden. Das Gericht gab dem Gastwirt recht, weil in einer E-Zigarette ja eigentlich kein Tabak verbrannt wird – also im eigentlichen Wortsinn niemand raucht.

Die Folgen in der Praxis

Dieses Urteil teilt die Schar der Nikotinabhängigen in zwei Gruppen: Drinnen im Warmen sitzen die E-Raucher, draußen klappern die Anhänger traditioneller Zigaretten in Nächten mit klirrendem Frost so intensiv mit den Zähnen, dass sie kaum noch den wenig zündgeneigten Glimmstängel zwischen den Lippen halten können ...

Immer mehr konventionelle Raucher könnten zu E-Rauchern werden, die Technik des elektrischen Rauchens wird sich verfeinern und den neuen Gegebenheiten anpassen. Zu dem Zeitpunkt, wenn das traditionelle Rauchen vollständig verboten ist, wird man in neu errichteten Wohngebieten Fernrauchleitungen verlegen, der Fernheizung nicht unähnlich und ähnlich effektiv. Einmal im Monat legt dann die EU-Kommission den Nikotingehalt fest, und alle beteiligten E-Raucher stimmen sich über das Aroma der nächsten vier Wochen ab ...

Wenn man es sich also recht überlegt, wäre es vielleicht doch das Beste, die EU würde den Quatsch komplett verbieten.

Endlich: Die EU sorgt für Ordnung im Kleiderschrank!

Die Raucher sind Vorschriften und Verbote ja gewohnt, sie wissen damit umzugehen. Was aber geschieht, wenn die Europäische Union und ihre Organe immer weiter bis in die persönlichsten Bereiche unseres Alltags vordringen und, nur zum Beispiel, auch unsere modischen Vorlieben reglementieren wollen?

Die schöne, für jede Art von Satire geeignete Vorstellung, dass die EU eine Einheitsgröße für alle Kleidungsstücke propagiert, es also zum Beispiel überall in Europa nur noch eine Hose in einer Größe zu kaufen gäbe, gehört natürlich in das Reich der

Legenden, auch wenn die englische Boulevardpresse derartigen Vorstellungen nur allzu gerne nachgegangen ist.

Nein, es wird nicht noch mehr dicke Belgier in viel zu engen Trainingshosen geben, in denen dünne Schotten fast ersaufen, oder umgekehrt. Und auch auf die Ermittlung einer einheitlichen BH-Größe und die damit verbundenen Reihenuntersuchungen an europäischen Frauen, Traum ganzer männlicher EU-Ausschüsse, wird wohl niemals Realität werden.

Richtig ist aber, dass die institutionalisierten EU-Weltverbesserer den Wirrwarr von Größenangaben entwirren wollten, was eigentlich eine lobenswerte Unternehmung wäre: Statt 36, XXL, 9½, 35 Zoll und 108 sollte es dann vermutlich fortan EU-Size 1, 2, 3, 4 usw. heißen. Besonders der Online-Handel konnte profitieren, Zusatzseiten mit vergleichenden Größentabellen würden sich erübrigen, Überraschungen beim Auspacken (»Huch! XS ist ja doch größer als 34!«) möglicherweise der Vergangenheit angehören. Aber selbst altgediente Europäer wie der tschechische Ex-Premier und Staatspräsident Václav Klaus haben ihre Zweifel. Der meinte nämlich »one size does not fit all!«, wobei er diesen Ausspruch auf das gesamte dedemokratisierende Treiben der EU bezog.

Die Folgen in der Praxis

Noch passiert indes nichts – stattdessen brütet und brütet die Arbeitsgruppe des Europäischen Komitees für Normung (CEN) über dem Problem und versucht die babylonische Größenverwirrung in den Griff zu bekommen. Die verbindliche EU-Norm für Kleidergrößen, EN 13402, wird aber wohl noch eine Weile auf sich warten lassen.

Neben der Größenangabe selbst soll übrigens auch die Größe der Etiketten in den Kleidungsstücken endlich amtlich festgelegt werden. Warum? Damit kurzsichtige EU-Bürger problemlos lesen können, welche Fasern ihren Leib umschmeicheln? Damit empfindliche Synthetik nicht gekocht und damit auf minimale Größen geschrumpft wird? Nein, vermutlich nur aus diesem einen Grund: Damit das Etikett in einem Damenslip nicht größer ist als das Kleidungsstück selbst. Sexy, so ein winziger Slip, oder? Worüber EU-Bürokraten so alles nachdenken.

Und natürlich haben sie auch unsere Nachtbekleidung im Blick ...

Definition: Was ist eigentlich ein Schlafanzug?

Bisher haben Sie, der rechtschaffene EU-Bürger, die fleißige EU-Bürgerin, abends Ihr müdes Haupt problemlos aufs daunengefüllte Kissen gelegt und sind eingeschlafen. Gut, der eine oder andere Gedanke über die Geschehnisse des vergangenen Tages ging Ihnen noch durch den Kopf, aber an eines haben Sie so gut wie nie gedacht: an Ihre Schlafbekleidung. Genau das muss aber einem EU-Abgeordneten passiert sein, den eines Abends die ganz und gar nicht erwartbare Frage plagte: Was ist – in drei Teufels Namen – eigentlich ein Schlafanzug? Er sorgte umgehend dafür, dass bürokratisch kompetente Wortkünstler sich ans Werk machten, analysierten und definierten, sodass es jetzt die ganze EU weiß:

Schlafanzüge im Sinne der Position 6108 der Kombinierten Nomenklatur des gemeinsamen Zolltarifs (...) und der Verord-

nung (EWG) Nr. 3174/88 der Kommission vom 21. September 1988 zur Änderung des Anhangs I der Verordnung (EWG) Nr. 2658/87 des Rates über die zolltarifliche und statistische Nomenklatur (...) sind nicht nur solche Zusammenstellungen von zwei Kleidungsstücken aus Gewirken oder Gestricken, die nach ihrem äußerlichen Erscheinungsbild ausschließlich zum Tragen im Bett bestimmt sind, sondern auch solche, die im Wesentlichen hierfür verwendet werden.

Dem ist von unserer Seite nichts hinzuzufügen!

Die Folgen in der Praxis

Ist das nicht beeindruckend in seiner fachlichen Kompetenz und sprachlichen Größe? Exegeten werden Jahrhunderte brauchen, um den tieferen Sinn dieser Bestimmung und vor allem ihren Zweck auszuloten, und sich währenddessen viele Male in *Kleidungsstücken aus Gewirken oder Gestricken, die nach ihrem äußerlichen Erscheinungsbild ausschließlich zum Tragen im Bett bestimmt sind* zur Ruhe legen, nur um an irgendeinem Morgen nachher völlig ausgeschlafen zu dem Schluss zu kommen: Ganz bei Sinnen können die doch nicht gewesen sein, die EU-Administratoren in Brüssel ...

Das wäre dann die harmlose Variante einer möglichen Entwicklung. Sollte ein Mitglied der Kommission allerdings auf die Idee kommen, das Tragen EU-konformer Nachtkleidung mit entsprechendem Signet (Mond mit Nachtmütze im Sternenkreis) zur Pflicht für jeden Europäer zu erheben und womöglich im Zuge dieser Regulierung auch die Nachtmütze wieder einzuführen – na dann: Gute Nacht, Europa!

Da brennt dir die Birne durch: Der Energiesparlampen-Wahnsinn

Wussten Sie das von der Kompaktleuchtstofflampe? So heißt nämlich die Energiesparlampe technisch korrekt, und eigentlich zählt sie zu den Quecksilberdampf-Niederdrucklampen. Klingelt es bei Ihnen? Geht Ihnen womöglich sogar ein Licht auf?

Quecksilber?!

Alles begann mit der EU-Ökodesign-Richtlinie 2005/32/EG und hatte letztlich das Ende der Produktion herkömmlicher Glühbirnen zum Ziel und auch tatsächlich zur Folge. Gegen alles bessere Wissen und vermutlich auch, weil mal wieder Wahlkampf war, und auch, weil die Kanzlerin sonst in Sachen Umwelt nichts zu tun gedachte, nahmen die Leuchten der EU-Kommission, Mutti und die innovationswütige Industrie die arme, unschuldige Glühbirne aufs Korn: Seit dem 1. September 2011 ist deshalb der Verkauf von 60-Watt-Glühbirnen herkömmlicher Bauart und solcher stärkerer Leistung verboten.

Ersetzt werden sie von einem massiv gesundheitsgefährdenden und umweltschädlichen Hightech-Produkt, der Quecksilberdampf-Niederdrucklampe, vertrieben unter den euphemistischen Bezeichnungen »Energiesparlampe« oder eben »Kompaktleuchtstofflampe«.

Der Slogan zur Einführung dieses Produktes hätte dementsprechend lauten müssen:

»Auch der Öko fühlt sich wohl
mit Quecksilber und viel Phenol!«

Giftige und krebserregende Stoffe wie Phenol fallen nämlich nicht nur bei der Entsorgung an, sondern werden auch im Gebrauch ausgegast. Dazu kommen Weichmacher aus den Plastikteilen. Geht die Lampe in die Brüche, kommt das Quecksilber voll zum Zuge. Da das flüssige Metall schon bei Raumtemperatur verdunstet, kann man es bequem einatmen. Mehrere 100 kg werden so jedes Jahr über Deutschland verteilt.

Sie haben damit nichts zu tun, Sie bringen Ihre defekten Energiesparlampen zum Wertstoffhof?

Da fällt mir ein: Warum gehen die eigentlich so schnell kaputt, die sollten doch viel länger halten als die alten? War da nicht irgendwann einmal von 10 000 Stunden und mehr die Rede? Na, egal …

Sie bringen Ihren Leuchten-Schrott also immer brav zur Sondermülldeponie, auch wenn diese 45 km weit entfernt liegt. Keine Spur Quecksilber also, die in die Umwelt entweicht! Aber Abgase. Reichlich Abgase Und dann wäre da noch die Verpackung. Lustig geformte Plastikbehältnisse, bedruckte Pappe zuhauf usw. Eine vernünftige und umweltfreundliche Regelung für den Verpackungswahnsinn hat die EU-Kommission ja bisher noch nicht auf die Reihe gekriegt. Ein Schelm, wer eine Lobby dahinter vermutet.

Die alte Kompaktleuchtstofflampe ist also entsorgt, und jetzt brauchen Sie ein neues Leuchtmittel! Deshalb auf in die Innenstadt! Bei Amazon kaufen Sie ja – wie alle Gutmenschen –

sicherlich nicht. Das würde zwar einiges an Emissionen sparen, aber gut: Also wieder reichlich Abgase aus Ihrem Privat-Pkw.

Sie fahren sogar mit öffentlichen Verkehrsmitteln? Na immerhin. Aber da wäre noch immer die Verpackung, das lustig geformte Plastikbehältnis Ihrer neuen Energiesparlampe, und drumherum noch reichlich bedruckte Pappe. Nach der Umweltbilanz sollte man jetzt wohl nicht mehr fragen.

Och. Jetzt fühlen Sie sich schlecht? Das war keineswegs die Absicht, könnte aber mit dem Licht aus den erstaunlich billigen Energiesparlampen zusammenhängen, die Sie gerade gekauft haben. Es verursacht nämlich psychische Schäden. Das Spektrum des Lichts entspricht, so die Experten, in keiner Weise einer natürlichen Beleuchtung. Sie sehen im Scheine Ihrer Öko-Funzel also nicht nur aus wie ein Zombie, auf Dauer werden Sie auch einer! Na ja, wir wollen einmal nicht übertreiben …

Ach so, Sie nehmen ohnehin gar keine Quecksilberdampf-Niederdrucklampen, Sie kaufen die teuren LED-Leuchten mit dem gesunden Spektrum! Aber die sind auch immer so nett verpackt – außen Pappe, dann wieder so ein passgenauer Plastiksarg – hei, wie freut sich die Meeresfauna, das gibt wieder was zu knabbern!

Oder nehmen Sie die neuen Quarz-Glühbirnen, die es jetzt zu kaufen gibt? Die sehen aus wie eine alte Glühbirne, nur mit einem Quarz-Glühfaden darin. Wie die alte Glühlampe sparen diese auch so gut wie keine Energie ein und verbrauchen satte 100 Watt – genau wie die guten alten Glühlampen früher, die alle verwendet haben. Immerhin sollen sie die gleiche Menge Licht geben wie eine 130-Watt-Glühbirne alter Bauart ...

Die Folgen in der Praxis

EU-Bürger stellen sich berechtigte Fragen: Gegen quecksilberhaltige Batterien wurde gewettert, weil sie angeblich so umweltschädlich seien. Und wollte die EU wegen der gesundheitlichen Risiken nicht sogar die Herstellung von Quecksilber-Thermometern und Manometern verbieten? Dadurch sollte doch jährlich die Verarbeitung von 30 bis 33 Tonnen des hochtoxischen Elements vermieden werden. Ist das Quecksilber aus Energiesparlampen nun plötzlich Balsam für die Umwelt?

Der kluge User »Dachstromer« meinte 2011 in einem T-online-Forum: »Unsere Solarstromanlage produziert viermal so viel Strom, wie wir selber verbrauchen. Wieso erdreistet sich die EU, uns durch das Glühlampenverbot Vorschriften darüber zu machen, wie wir unseren ureigenen Strom verbraten? Das ist und bleibt unsere Privatsache! Genauso gut könnten sie vorschreiben, dass wir den Salat aus dem eigenen Garten nur noch mit Holzbesteck essen dürfen.«

Vor allem stellen sich immer mehr Menschen aber die Frage: Wozu der ganze Umstand? Dass es hier um die Umwelt geht, glauben nur noch Naivlinge. Und siehe da, dann kam heraus, dass es ganz zu Anfang dabei möglicherweise um ein privates Wirtschaftsförderungs-Programm ging. Ein EU-Kommissar aus Spanien kannte da nämlich so eine Zinnobermine, die am Rande des Ruins war, und jetzt läuft sie plötzlich wie geschmiert. Spanische Zinnoberminen haben schon zum Reichtum der Fugger beigetragen, denn aus Zinnober lässt sich Quecksilber gewinnen. Und in China wurden sogar neue Minen eröffnet, die ebenfalls laufen wie geschmiert …

Apropos geschmiert: So viele skurrile, kuriose und vor allem extrem teure »Leuchtmittel« wie heutzutage gab es noch nie in der Geschichte unseres Landes, und wen wundert es, dass die Hersteller plötzlich ganz begeistert sind vom Energiesparen? Es beginnt bei LED-Birnen für gut und gerne 9 Euro und endet beim LED-Panel für das Designer-Bad zu 250 Euro das Stück – wer mochte 1995 so etwas kaufen, wo es doch preiswerte und helle Glühbirnen gab, die so um die 1,60 DM kosteten?

Es saugt und bläst der Heinzelmann – jetzt nur noch mit 900 W!

Staubsaugervertreter wie der in Loriots genialem Sketch werden es künftig immer schwerer haben, denn die Staubsauger werden immer schlapper. Was bei den Glühbirnen funktioniert hat, so dachten sich die EU-Zwangskommissare, muss doch auch anderswo machbar sein. Und sie versuchten dabei erst gar nicht, ihre zweifelhaften Interessen unter den Teppich zu kehren: Wir sagen, wo's langgeht, auch beim Staubsaugen!

Kaum zu glauben, liebe EU-Bürger, liebe EU-Bürgerinnen: Europa schreibt Ihnen vor, welchen Staubsauger Sie benutzen dürfen! Genauer gesagt dürfen ab dem 1. September 2014 nur noch Staubsauger mit einer Leistung unter 1600 Watt und ab 2017 nur noch solche mit maximal 900 Watt in den Handel gebracht werden.

Kleiner Tipp: Sie könnten sich schnell noch ein altes Power-Modell kaufen, wenn Sie noch eines erwischen!

Der Energieverbrauch von Staubsaugern lag der EU-Kommission übrigens schon früh am Herzen. Bereits 2003 bestimmte ein Erlass die Vergabe des EU-Umweltabzeichens qua ziemlich drastischer Vorgaben, dokumentiert an folgender Stelle:

2003/121/EG: Entscheidung der Kommission vom 11. Februar 2003 zur Festlegung der Umweltkriterien für die Vergabe des EG-Umweltzeichens für Staubsauger (Text von Bedeutung für den EWR) (Bekanntgegeben unter Aktenzeichen K(2003) 114)

Nach Meinung der EU sollten Staubsauger die folgenden Bedingungen erfüllen:

1. Energieverbrauch und Saugleistung

a) Nach 5 Strichen auf einem Wilton-Teppich muss das Staubaufnahmevermögen mindestens 70 % betragen und der Energieverbrauch unter 345 Wh liegen.

Nur 70 % des Staubs? Kein Wunder bei 345 Wh! Oder liegt es am Normteppich?

b) Nach einem Strich auf einem Hartboden gemäß EN 60312 Punkt 5.2 muss das Staubaufnahmevermögen mindestens 98 % betragen und der Energieverbrauch unter 69 Wh liegen.

Hartboden? Was ist denn ein Hartboden?

Der Hartboden besteht aus unbehandeltem Kiefernsperrholz oder einer gleichwertigen Bodenplatte mit einer Mindestdicke von 15 mm.

Danke, EU! Wie nahe an der europäischen Realität ihr doch immer seid! Das hat man ja jetzt viel, Kiefernsperrholz als Fußboden. Und der Verbrauch – nur 69 Wh? Das ist so gut wie nichts. Und dabei 98 % des Staubs entfernen ... Da werden in den nächsten Jahren noch wahre Wundermaschinen konstruiert werden müssen.

Die weiteren Kriterien hier nur kurz zusammengefasst: Die Wunder-Staubsauger müssen einen Motor mit einer Lebensdauer von mindestens 550 Stunden besitzen. Als industriekritischer Bürger können Sie das testen – einfach mal knapp 23 Tage am Stück durchsaugen. Das muss der Motor Ihres neuen Unterdruckreinigungsassistenten schadlos überstehen, am 24. Tag darf er dann den Geist aufgeben. Wenn man es recht überlegt: Allzu nachhaltig kann man diese Funktionsdauer auch nicht nennen ...

Vielleicht schreibt die EU deshalb vor, dass Ersatzteile für mindestens zehn Jahre lieferbar sein müssen. Außerdem soll die Saugdüse eine Schlagbeständigkeit von mindestens 1000 Trommelumdrehungen aufweisen, der Saugschlauch mindestens 40 000 Verformungen schadlos überstehen und der Hauptschalter sowohl mechanisch als auch elektrisch mindestens 2500 Mal funktionieren.

Apropos Recycling: Der Hersteller ist verpflichtet, ein Exemplar eines Zerlegungsberichts (!) vorzulegen, die Metallteile müssen leicht zugänglich sein, um die Zerlegung und Verwertung zu erleichtern, und der Staubsauger (einschließlich Saugdüse und -schlauch) muss ...

... frei von Blei, Quecksilber, Kadmium, sechswertigem Chrom, polybromierten Biphenylen (PBB) und polybromierten Diphenylethern (PBDE) sein, sofern dies nicht durch den Anhang zur Richtlinie 2002/95/EG des Europäischen Parlaments und des Rates vom 27. Januar 2003 zur Beschränkung der Verwendung bestimmter gefährlicher Stoffe in Elektro- und Elektronikgeräten (1) und deren späteren Änderungen ausdrücklich gestattet ist.

So der Stand 2003. Und das alles nur, um das EU-Ökosiegel zu erhalten. Keine Regulierungswut bei der EU also? Haha.

Und weshalb sitzen derartige Haarspalter und Hobbyschrauber, die so kleinkarierte Richtlinien verfassen, überhaupt als Abgeordnete im Parlament? Man sollte sie als akribische Prüfingenieure beim TÜV vermuten. Der große europäische Entwurf, die einigende Vision wird jedenfalls nicht aus dieser Richtung kommen.

Ach, übrigens, die Staubsauger sind nur die Spitze des Eisbergs (schräges Bild!) – die EU regelt demnächst auch den Energieverbrauch von Elektroherden, Dunstabzugshauben, Fernsehern, Warmwasserbereitern, Ventilatoren und Computern runter. Und vermutlich auch von Laserpointern, elektrischen Zahnbürsten, Milchaufschäumern und Vibratoren. Da kommt Freude auf ...

Die Folgen in der Praxis

Im EU-korrekten Haushalt röcheln asthmatische Schwachsauger durch die Wohnung, ohne jede Chance, die anfallenden Staubmengen zu bewältigen. Anfangs tanzen Stäubchen im Sonnenlicht, später wirbeln Staubstürme durch die Wohnung. Es ist ganz wie früher, als Sie noch studierten und der Staubsauger kaputt oder zumindest kurz vor dem Hinscheiden war. Nein, es lohnt nicht, den Beutel zu leeren, daran liegt es doch gar nicht. Werfen Sie einfach Ihren EU-Staubsauger weg, und machen Sie es wie alle anderen von unsinnigen Bestimmungen geplagten EU-Bürger: Fahren Sie nach Norwegen, und kaufen Sie sich einen richtigen Staubsauger. Modelle mit 2500 W sind im Augenblick sehr beliebt.

Und hier noch eine Rechenaufgabe: Wenn ein Staubsauger mit 1800 W Leistung eine Wohnung in 30 Minuten reinigen kann, wie lange braucht dann einer mit 900 W Leistung? Wie unterscheidet sich die Menge an verbrauchter Energie, die beide Geräte benötigen? Und wie lange müssen Sie mit so einem Reduktionsteil saugen, bis sie so viel elektrische Energie eingespart haben, wie sie die massiv subventionierte Aluminiumindustrie in einer Minute durch die Schornsteine jagt?

Zwangssparen: Duschen nur auf Sparflamme

Mögen Sie es, wenn Ihnen jemand beim Duschen zuschaut? Das könnte Ihnen passieren, wenn die EU-Bürokratie in ihrem Regulierungsansinnen auch in Ihre Duschkabine guckt. Denen geht es aber nicht um Ihr Sixpack oder um Ihren hübsch geformten Hintern, sondern um das Wasser, das Sie verbrauchen. Am liebsten würden die EU-Pedanten allen Hausbesitzern in Europa nämlich sparsamere Wasserhähne, Duschköpfe und Toilettenkästen verordnen. Dann könnte es sein, dass es wegen eines deutlich geringeren Wasserdurchflusses aus Ihrer Dusche nur noch tröpfelt.

Was die Bürokraten zu dieser Intervention im sanitären Bereich motiviert hat? Vermutlich verdursten in Nordeuropa jedes Jahr Hunderttausende Bürger, ohne dass wir je davon erfahren haben. Man könnte den Eindruck gewinnen, dass wir Europäer in puncto Wassermangel statistisch noch vor der Sahara rangieren …

2011 wurde das Großprojekt »Tröpfelnde Dusche« zunächst dementiert, dann aber stand es plötzlich wieder für 2014 an. Neben Einschränkungen für den Wasserverbrauch werden in dem betreffenden EU-Papier auch genaue Vorschriften für Fenster, Stromkabel und – kaum zu glauben – Weinkühlschränke genannt. Alles, was der Ökodesign-Richtlinie widerspricht, soll verboten werden.

Die Folgen in der Praxis

Irgendwer muss das Ganze bezahlen, und das sind natürlich Sie: Rund 400 Euro pro Wohnung fallen allein für die EU-gerechte Dusche an, damit nachher nur noch ein der EU genehmer Nieselregen niedergeht. Doch eine Berufsgruppe profitiert: Insgesamt verdienen Europas Sanitärinstallateure damit rund 10 Milliarden Euro und reiben sich also die Hände.

Anschließend wird dann das Verbot der Vollvolumenbadewanne folgen, verbraucht doch ein Vollbad gut 300–400 l Wasser, während bei zehn Minuten duschen mit der Öko-Green-

Bubble-Rain-Dusche nur etwa 70–90 l durch den Abfluss rinnen. Eine Alternative wäre noch die an den Körper des Badenden angepasste Maßbadewanne.

Wie aber wird man gegen ignorante Dauer- und Viel-zu-warm-Duscher vorgehen, die sich weitaus länger als zehn Minuten berieseln lassen wollen, und das regelmäßig? Hier hilft wohl nur die aus dem Bankwesen bekannte Zeitschloss-Technologie, ein von einer EU-Kontrollbehörde ferngesteuertes Absperrventil, das nach zehn Minuten dichtmacht und den Wasserfluss erst wieder am nächsten Tag freigibt. Schluss mit lustig unter der Brause!

Die Rettung kam dann von unerwarteter Seite, die Klimaerwärmung verspricht Erleichterung: In den kommenden Jahren und Jahrzehnten werden immer mehr Unwetter niedergehen, weil die seltsamen Versuche der EU, das Klima günstig zu beeinflussen, doch nicht greifen werden. An Tagen, an denen ein veritabler Regensturm angesagt ist, stehen Sie also mit einem Handtuch und dem Duschgel bereit und stürzen sofort ins Freie, wenn die ersten schweren Tropfen niedergehen – 50 l/m^2 in einer einzigen Stunde, das sind Traumwerte! Holen Sie auf Balkon, Veranda oder Rasen das nach, was Ihnen europäische Bürokraten vorenthalten haben: eine anständige Dusche!

Doch mit der Duschkastration ist der administrative Badezimmer-Terror noch lange nicht vorbei …

Klospülung: Sechs Liter sind genug!

Wenn sie schon einmal bis in Ihr sanitäres Allerheiligstes vorgedrungen sind, dann machen die eifrigen Kontrollorgane aus

Brüssel auch Nägel mit Köpfen: Zwei Jahre lang (!) erforschten Wissenschaftler (?) das Pinkelverhalten der Europäer und auch das, was hinten so aus einem EU-Bürger herauskommt. Auf Basis der umfangreichen Feldstudie »Development of EU Ecolabel Criteria for Flushing Toilets and Urinals« wurde dann 2012 ein 60-seitiger Bericht verfertigt, der den Regulierungseifer der EU-Kommission wie Dünger anregte. Fazit der Studie, an der mehrere hundert Wissenschaftler beteiligt gewesen sein sollen:

Europas verschwenderische Klospülungen müssten unbedingt reguliert werden. Der Durchschnittseuropäer überschätze die Masse seiner flüssigen und festen Hinterlassenschaften deutlich, spüle mit viel zu viel Wasser nach – bis zu 16 Liter –, wo doch 5 Liter pro Spülung reichen würden, im Falle flüssiger Entäußerung sogar nur 0,5 Liter …

Diese Festlegung wiederum führte zu einem Proteststurm bei anderen, zuvor nicht befragten und somit übergangenen Sanitär-Experten (Schluchz!), die Europas Toilettenbesuchern einen vollen Liter mehr zugestehen wollten – jetzt sind 6 Liter pro Sitzung in Planung.

Interessanterweise wurden den Bürgern Großbritanniens – auch sonst an Sonderregelungen sehr interessiert – für eine Übergangsperiode 7 bis 9 Liter pro Toilettenbesuch zugestanden, vermutlich wegen der zahlreichen nahezu unverdaulichen Gerichte der britischen Küche.

Auch über die ergonomischen Eigenschaften von Toiletten machte man sich übrigens Gedanken, vermutlich in der Art: Passt die durchschnittliche Brille zum europäischen Normgesäß, oder besteht Handlungsbedarf?

Und sicherlich schwebte auch die Idee einer stichprobenartigen amtlichen Kontrolle (durch WC-Kommissare? Drohnen? Webcams? Blockwart-System?) in der von allerlei Ausscheidungen rund um das Thema geschwängerten Luft.

Die Folgen in der Praxis

Leider geriet den EU-»Experten« ein Aspekt der Angelegenheit aus dem Blickfeld, und aus den geplanten Segnungen für Mutter Natur dürfte mancherorts ein weiterer EU-nsinn werden:

Schon heute leiden Gemeinden voller heftig Wasser sparender Gutmenschen unter einer Erscheinung, an die zu Zeiten voller Talsperren wohl niemand ernsthaft gedacht hat. Wasser besitzt nämlich nicht nur in der Toilettenschüssel eine reinigende Wirkung, sondern auch im Abwassersystem.

Da quälen sich dann – Sie entschuldigen, zarte Seelen sollten den folgenden Absatz überspringen –, da quälen sich dann fette Fäkalien, Duft verströmend, durch viel zu trockene Rohre einer altersschwachen Kanalisation, stoppen, häufen sich an, geraten gar in Gärung. Und die ganze Vielfalt der Darmbakterien sendet zum Dank für optimale unterirdische Lebensbedingungen ihre Botschaft durch Gullydeckel zu den Menschen: Uns geht es gut, riecht doch mal, wie gut es uns geht!

Um derartige Exzesse von *Escherichia coli* in all seinen Spielarten zu verhindern, muss der kommunale Versorger mancherorts Hunderte, wenn nicht Tausende Liter Wasser in die Abwasserleitungen einspeisen, weil die Kanalisation sonst nicht ausreichend gespült würde. Viele Kubikmeter frisches Leitungswasser machen sich dann auf den Weg, um die dickflüssigen und übel riechenden Hinterlassenschaften von »Wassersparern« zu beseitigen. Falls nicht, müssten selbige möglicherweise über Sinn- oder Unsinn ihres Tuns nachdenken. Das kommt heraus, wenn die Spartaste, die EU-Bestimmungen zur Toilettenspülung und die EU-Sparduscher zusammenarbeiten ...

So sähe es also rund um die europäischen Badezimmer und die sanitäre Entsorgung aus, ginge es nach Brüssels Totalregulierern.

Nein, ich drehe beim Zähneputzen auf keinen Fall den Wasserhahn zu!

EU-Millionenstudie: Gibt es Rohstoffe im Urin?

Wie nennt man es noch, wenn sich jemand von seinen Hinterlassenschaften und denen anderer mental und gegenständlich nicht trennen kann? Ach ja, analfixiert! Diese psychische Störung scheint unter EU-Mitarbeitern verschiedener Ebenen relativ verbreitet zu sein, denn die im vorangegangenen Kapitel kommentierte Studie »Development of EU Ecolabel Criteria for Flushing Toilets and Urinals« reicht offenbar nicht aus, um das Interesse der Damen und Herren in Brüssel an Fäkalien ausreichend zu befriedigen.

Wissenschaftler sollen nun in einer Studie, die bereits seit 2012 läuft, mit der gebotenen Sorgfalt herausfinden, ob sich aus menschlichem Urin Rohstoffe wie etwa Phosphor oder

Ammoniak zum Beispiel für die Düngerproduktion gewinnen lassen. Das Projekt »ValuefromUrine«, läuft bis Ende August 2016, hat eine eigene Homepage, kostet etwa 3,8 Millionen Euro und beschäftigt Forscher aus vielen EU-Staaten, darunter den Niederlanden, Luxemburg, Portugal, Spanien und Großbritannien. Wer mag, kann sich auch lustige Pipi-Videos auf YouTube ansehen, welche »ValuefromUrine« zum Zwecke der Selbstdarstellung gepostet hat.

Die Folgen in der Praxis

In den nächsten Monaten müssen Sie hoffentlich keine Befürchtungen haben, beim Wasserlassen in Ihrer privaten Wellness-Oase hinterrücks von einem EU-Forscherteam attackiert, wertvoller Flüssigkeit beraubt und intensiv befragt zu werden, beispielsweise nach ihrem Konsum von Nahrung und Flüssigkeit. Es ist zu hoffen, dass die den Sachverhalt untersuchenden Wissenschaftler bei der Gewinnung von Tausenden Kubikmetern Forschungssubstanz, die sie nach dem Kostenrahmen der Studie zu urteilen sicherlich benötigen werden, auf andere Quellen zurückgreifen, zum Beispiel Bahnhofs- oder Autobahntoiletten.

Sollten die Forscher nach gewaltigen wissenschaftlichen Anstrengungen allerdings Erfolg versprechende Ergebnisse präsentieren, werden Sie und alle anderen EU-Bürger möglicherweise gesetzlich zum Urinsammeln verpflichtet. Einfach so ins Becken pinkeln und wertvolle Rohstoffe verschwenden, damit hätte es dann ein Ende, denn wenn Sie abziehen (mit bis zu 6 l Wasser!), verwässern Sie ja wertvolle Rohstoffe, die andere hinterher aufwändig aus dem Abwasser filtern müssten. Die EU wird auf Rohstoffrückgewinnungssysteme setzen – von der formschönen individuellen Sammelflasche über den Gelben Punkt privater Firmen, die im Auftrag der EU den wertvollen Saft zusammentragen, bis hin zu einem gigantischen europäischen Urin-Netzwerk sind dann ganz unterschiedliche Lösungen denkbar.

Doch das dürfte erst der Anfang sein: Es gibt ja auch noch andere Ausscheidungen, nach denen die EU eines Tages greifen wird ...

Game over: Mit der EU gegen unökologische Ballerspiele

Ein Computer verbraucht Strom. Der eine viel, der andere mehr. Niedliche kleine Netbooks und Tablets kommen mit wenigen Watt aus, doch je größer die Maschinen werden, desto mehr elektrische Energie ziehen sie sich rein. Kann das Privatangelegenheit sein?

Nein, meint die EU und packt die Sache an. Wer ist schuld an diesem Energieverschwendungs-Dilemma? Motherboard, Maus, Tastatur, Festplatte, Grafikkarte? Vor allem die Grafikkarte! Davon sind EU-Experten überzeugt. Auch die Grafikkarte in Ihrem Rechner verbraucht viel zu viel Strom! Deshalb fordert die EU die Öko-Grafikkarte!

Ein leistungsstarker Desktop-PC der höchsten Kategorie D darf laut EU-Richtlinienentwurf im Leerlauf ca. 65 Watt schlucken, wenn er sich im Soft-Off mit einem Watt Leistungsaufnahme zufriedengibt. Eine besonders leistungsfähige Grafikkarte darf im Augenblick zusätzliche 65 Watt aus dem

Stromnetz saugen. Aber ab 2015 geht es abwärts in Richtung 38 Watt. Auch die Ausnahmeregelung für Rechner mit Multi-Core-CPU läuft dann aus.

Nur 38 W für die Grafik – wenn die Hersteller sich bis dahin technisch nichts einfallen lassen, ziehen die besten Grafikkarten keinen Hering mehr vom Teller bzw. keinen Zombie mehr durchs Labyrinth.

Die Folgen in der Praxis

Entweder werden Grafikkarten leistungsfähiger und damit erheblich teurer, oder sie bleiben preiswert, stromsparend – und schlecht. Ihre Killerspiele können Sie sich dann abschminken. Das könnte zu unangenehmen Aktivitäten in der *real world* führen, überfüllte Paintball-Arenen, ein gewaltiger Zulauf zu den Schützenvereinen und Ähnliches. Und man weiß ja, Gamer werden gern zu Amokläufern …

Oder Spiele wie Pacman, Breakout, Asteroids, Frogger und Boulderdash erleben eine neue Renaissance. Schlechte Grafik, geringerer Energieverbrauch, alles im grünen Bereich, meint die EU. Dass zum Beispiel ein Computerspiel namens »Warcraft III: Reign of Chaos« auf den neuen Grafikkarten kaum noch zufriedenstellend laufen wird, stört die Bürokraten in Brüssel nicht weiter. Sollen die Software-Entwickler doch einfach EU-Ausgaben der weltweit vertriebenen Spiele programmieren, mit Grafik im Strichmännchen-Modus. Zurück in die Zukunft, zurück zu 2D, alles für die gesunde Umwelt in der Europäischen Union!

Vielleicht werden sich die Spielehersteller aber auch im Rahmen der Themensetzungen auf die EU-Bürokratie beziehen. Neue Games wie Skyrim »The Battle with Red Tape«[1] oder »The Lawmakers' End«, ein Rollenspiel wie Diablo IV »Reaper of Clerks«[2] und eine World-Of-Warcraft-Erweiterung »The Insane Brussel Scrolls« in reduzierter Auflösung und mit einem neuen Volk, den Fat Mad Brainiacs, würden sicher zahlreiche Käufer finden.

Cut: Analogfotografie verboten!

Nach dem Energiesparlampen-Coup, der die Welt zwar ein bisschen vergiftet, aber andererseits um ein wenig CO_2 ärmer gemacht, also sicherlich so um mindestens 0,03 Promille entlastet hat, sind gewisse Kreise in der EU auf die geniale Idee gekommen, auch die andere ganz große Gefahr zu eliminieren, die ohne das Eingreifen der Brüsseler Bürokratie schon in kurzer Zeit jede weitere Existenz auf dem Planeten unmöglich machen würde: die Analogfotografie, wie einschlägige Medien am 1. 4. 2011 berichteten.

Schon seit dem 1. 1. 2012 gilt das Verbot aller Schwarzweißfilme, die besonders viel Silber enthalten und deswegen die Umwelt stark schädigen. Mit dem 1. 7. 2012 wurden auch alle hochempfindlichen Farb-Filme mit mehr als 800 ASA aus dem Handel genommen, und am 1. 11. 2012 folgten alle übrigen, weniger empfindlichen Farbfilme. Wer heute noch analog fotografieren möchte, muss also auf seine tiefgekühlten Filmvorräte zurückgreifen. Allerdings wird es auch immer schwie-

1 *red tape* = englische Bezeichnung für Bürokratie
2 Diablo III hat eine Erweiterung namens »Reaper of Souls«.

riger, Entwicklerflüssigkeiten zu erhalten, weil deren Herstellung und der Handel damit in der EU ebenfalls verboten sind.

Die Folgen in der Praxis

Zahlreiche Stimmen fragten bereits bei der Bekanntgabe des Verbots besorgt nach dem Sinn dieser Maßnahme. Das alleinige Argument der Europäischen Union: Umweltschutz. »Der umweltbewusste EU-Bürger fotografiert digital!«, sagte der zuständige EU-Kommissar Jean-Jacques Aperture auf kritische Nachfrage von Journalisten auf der Pressekonferenz am 1. April 2011 – und wenn Sie bis jetzt, also auch nach mehrfacher Nennung des betreffenden Datums, noch nicht bemerkt haben, was hier gespielt wird, sind Sie der ideale EU-Bürger: empfänglich auch für die abenteuerlichsten Verlautbarungen ...

Nein, Sie haben recht: Was Sie eben gelesen haben, könnte durchaus der Realität entsprechen. Aber das macht eben einen guten Aprilscherz aus ...

Perspektiven für den Hausfriedensbruch mit der EU

- Der Coup mit den Quecksilber-Birnen wirkt bereits bis in den hinterletzten Winkel: Auf schwächlich beleuchteten Toiletten spülen frustrierte EU-Bürger ihre Hinterlassenschaften mit nur sechs Litern Wasser in eine Kanalisation, in der es noch zäher fließt als die EU dringende Angelegenheiten regelt. Dank Horrorbildern auf der Packung ihrer Schwelbrand-Zigaretten dämmern von Ängsten geplagte Raucher vor Computern mit kastrierten Grafikkarten dahin, deren Lüfter mehr Leistung bringen als die neuen EU-

Schlappsauger, die dafür sorgen, dass die gesamte Behausung unter einer dicken Staubschicht versinkt, welche die Bewohner mit ihrer neuen EU-Spardusche auch nicht abspülen können. Am Abend ihrer freudlosen Tage legen sich die wie ägyptische Mumien total verstaubten und genauso frustrierten Europäer in einem Kleidungsstück ins Bett, von dem sie immerhin wissen, ob es ein Schlafanzug ist oder nicht. Was bleibt da noch für die EU-Bürokratie zu tun? Unser Vorschlag: Sie könnte Freude ins Haus tragen, Kraft durch Freude vielleicht durch eine Zwangsmedikation mit Antidepressiva, welche dann die Folgen der psychobiologisch völlig ungeeigneten Mischfrequenzbeleuchtung ausgleichen. Ein guter Vorschlag wäre auch eine EU-freie Zone in jeder Wohnung, ein einzelnes Zimmer, zu dem die EU-Bürokratie weder mit Verordnungen noch Richtlinien Zugang hat ... Ach, wäre das schön!

Big Mama EU

Von der Wiege bis zur Bahre begleiten den Menschen Paragraphen und bürokratische Regelungen in jedweder Form. Im frühen Kindesalter bemerkt er noch nichts davon – deshalb sind die kleinen Racker immer so naiv und lustig, und man spricht aus gutem Grund von einer glücklichen Kindheit. Wenn sie wüssten, was wir, ihre Eltern, an bitteren Erfahrungen machen mussten und was noch alles auf sie selber zukommt, wären sie vermutlich genauso mies drauf wie wir Erwachsenen. Aber noch ahnen sie nicht, welch furchtbare Machtmaschinerie ihnen bereits nach dem Schnuller trachtet …

Achtung Lebensgefahr! Die EU reguliert die Länge von Schnullerketten

Jedes Jahr sterben Millionen von Säuglingen weltweit, indem sie sich mit ihren viel zu langen Schnullerketten strangulieren – könnte man annehmen, wenn man die Sichtweise von EU-Beamten übernimmt, die auf insgesamt 52 eng bedruckten Seiten, in acht Kapiteln und mit bis zu vierzig Unterpunkten, regeln, woran der Schnuller zu hängen hat. Doch selbst die Urheber dieses Bürokratie-Monsters geben zu: Unfälle mit Schnullerketten sind so gut wie unbekannt.

Das heißt aber nicht, dass sie nicht passieren *könnten* – und das ist der EU-Bürokratie Grund genug, die Angelegenheit schon einmal prophylaktisch zu regeln. Über zehn Jahre Expertenarbeit sollen in der DIN EN 12586 stecken, die genaueste Kriterien für den europäischen Schnullerhalter enthält und zum Beispiel seine Länge auf maximal 220 mm festsetzt – eine von 91 Vorgaben, wohlgemerkt: für Schnullerhalter.

Im Folgenden Auszüge aus der Verordnung, in der die EU zum Beispiel definiert: Ein Band ist ein …

… Verbindungselement zwischen den Befestigungen des Schnullerhalters am Kleidungsstück und am Schnuller.

(…)

Wenn der Schnuller am Band durch einen dauerhaft angebrachten Schnullerhalter befestigt ist, muss die Messung von dem vom Band am weitesten entfernten äußersten Ende des Schnullerhalters bis zum letzten Stück des Bandes oder der beweglichen Befestigungsvorrichtung an der Befestigung am Kleidungsstück erfolgen; ausgenommen ist die Länge der Befestigung am Kleidungsstück.

(…)

Teile aus textilen Materialien und aus Holz sind nach 6.2.3 zu prüfen. Wenn bei der Farbechtheitsprüfung gegen die Einwirkung von Wasser ein Farbechtheits- oder ein Schweißechtheitsgrad von mehr als 4 auf dem in EN 20105-A03 definierten Graumaßstab erreicht wird, müssen diese Teile den Anforderungen von 5.3.8 (Farbstoffe) und 5.3.9 (primäre aromatische Amine) entsprechen.

(...)

Um das Steckenbleiben von Fingern an einem beliebigen Teil des Schnullerhalters zu vermeiden, dürfen bei Prüfung nach 6.1.8 alle zugänglichen Öffnungen mit einer Eindringtiefe von mehr als 10 Millimeter keine Öffnungsweite zwischen 5,5 Millimeter und 12 Millimeter aufweisen.

(...)

Wenn der Schnuller am Band durch einen dauerhaft angebrachten Schnullerhalter befestigt ist, muss die Messung von dem vom Band am weitesten entfernten äußersten Ende des Schnullerhalters bis zum letzten Stück des Bandes oder der beweglichen Befestigungsvorrichtung an der Befestigung am Kleidungsstück erfolgen; ausgenommen ist die Länge der Befestigung am Kleidungsstück.

(...)

Wenn ein beliebiges Teil des Schnullerhalters, einschließlich eines Ergänzungsteils, einem Spielzeug ähnelt, muss der komplette Schnullerhalter zusätzlich den Anforderungen der Spielzeug-Richtlinie entsprechen.

Ach so. Das wäre dann DIN EN 71. Und außerdem ist, wie jeder kritische EU-Bürger weiß, DIN EN 1400 über die Sicherheit von Schnullern zu beachten, ausgearbeitet vom »Technischen Komitee Artikel für Säuglinge und Kleinkinder – Essen, Trinken, Saugen und ähnliche Funktionen«. Komitee ... Saugen ... Wie funktionieren nur diese Gehirne in Brüssel?

Welche Kriterien muss nun ein EU-Schnuller erfüllen, der am Schnullerhalter getragen werden soll, fragen Sie sich? Keine Ahnung, vernünftige Eltern lassen ihn ohnehin gleich weg.

Die Folgen in der Praxis

Kette zu lang – Kind weg! Wegen wiederholten Verstoßes gegen die Schnullerketten-Verordnung und uneinsichtigen Verhaltens trotz mehrmaliger behördlicher Ermahnung wurde gestern dem Ehepaar Z. aus Leichlingen das Sorgerecht für die zweijährige Tochter Melanie entzogen. Trotz besagter mehrfacher Verwarnungen durch das Kommissariat Saugen der EU-Sicherheitspolizei weigerte sich das Ehepaar, eine lebensgefährliche 26,5 cm lange Plastik-Schnullerkette aus tanzenden rosa Elefanten und grünen Enten bei der zuständigen Stelle für pädagogischen Sondermüll zu entsorgen. Das Kind wurde, wie in solchen Fällen vorgesehen, in das Kinderheim Securitas in Münster-Kinderhaus aufgenommen. Die Eltern zeigten weder Einsicht noch Reue, versuchten aber, die Schuld auf eine gewisse Schnullerfee abzuwälzen, über deren Wohnsitz und Verbleib sie jedoch keine Angaben machen konnten. Es erwartet sie eine mehrmonatige Haftstrafe.

Parttime-Mama: Die Berufsbezeichnung von Tagesmüttern

Jetzt ist Frau Jansen eine Brotfabrik. Oder ein Restaurant. Bisher war sie Tagesmutter, und berufstätige Familien griffen nur allzu gern auf ihre Dienste zurück. Die Kinder fühlten sich wohl in ihrer kuschelig-warm eingerichteten Wohnung, spielten miteinander und konnten auch noch einiges lernen, weil Frau Jansen gutes Spielzeug angeschafft hatte.

Jetzt ist Frau Jansen, wie gesagt, eine Brotfabrik oder ein Restaurant oder irgendein anderes Unternehmen der Lebensmittelindustrie. EU-Beamte änderten die Berufsbezeichnung von Tagesmüttern nämlich in »Lebensmittelunternehmerinnen« und erließen eine neue EU-Verordnung mit u. a. den folgenden Vorschriften:

- Registrierungspflicht als Lebensmittelunternehmerin
- Fliegengitter an den Küchenfenstern
- Fliesen in der Küche
- Hygieneschulung nach § 43 des Infektionsschutzgesetzes
- ein zweites Waschbecken in der Küche für das Händewaschen
- die Kühlschranktemperatur soll gemessen und jederzeit dokumentiert werden
- Kassenbons für alle Einkäufe müssen aufbewahrt werden
- helle Schutzkleidung beim Umgang mit Lebensmitteln
- Überprüfung durch Lebensmittelkontrolleure

Frau Jansen war begeistert, investierte 15 000 Euro in die Renovierung und Professionalisierung ihrer Küche, absolvierte die Hygienelehrgänge, kaufte ein elektronisches Thermometer für ihren Kühlschrank, stellte einen Buchhalter ein und erhöhte die monatliche Gebühr für jedes zu betreuende Kind von 25 auf 260 Euro.

Die Folgen in der Praxis

Leider kommen jetzt nur noch drei Kinder statt bisher sieben. Dafür schaut der Lebensmittelkontrolleur regelmäßig bei ihr rein, statt in der versifften Pizzeria gleich nebenan für die Entsorgung des vergammelten Thunfischs zu sorgen und den Schwarzarbeitern unbekannter Herkunft in der Küche das Schwarze unter den Nägeln zu untersagen. Ja, der große EU-Bruder guckt sogar beim Plätzchenbacken zu: Die Kinder dürfen den Teig nämlich unter keinen Umständen probieren, wenn rohe Eier verwendet werden. Bis dato haben Tagesmütter ihre Schützlinge ja regelmäßig mit Salmonellen infiziert, wie man wohl weiß ...

Wobei man die EU-Bürokraten noch fragen müsste, warum sie bisher ihre Nase noch nicht in die Windeln von Kleinkindern gesteckt haben. Zu wirklich? Eine neue Kack- und Wickelverordnung mit genauen Reinigungs- und Entsorgungsvorschriften würde der EU-Bagage gut zu Gesicht stehen. Aber sicher arbeiten Experten seit Jahrzehnten im Auftrag der EU an einer entsprechenden Verordnung. Mit jeder Form von Scheiße kennt die sich ja bestens aus.

EU-Gender-Wahnsinn
Lasst Kinderbücher brennen für die Emanzipation!

Was macht die unterforderte Emanze in der EU-Bürokratie? Sie verfällt dem Genderwahnsinn. Was tut der schwachbrüstige EU-Beamte, der vielleicht zu viel Weichmacher aus seiner PET-Flasche aufgesogen hat, deshalb einen weiblichen Hormon-Flash bekam und sich nun seiner Männerrolle nicht mehr so ganz sicher ist? Er versucht, via EU-Erlass die tatsächlich bestehenden Unterschiede zwischen den Geschlechtern wegzuverordnen. Möglichst früh sollten die Kinder, so heißt es in einem Papier des EU-Komitees zum Thema Frauenrechte und Geschlechtergleichheit, dem Einfluss alter Geschlechterstereotypen entzogen werden. Denn:

Kinder sind bereits mit jungen Jahren durch Fernsehserien, Fernsehwerbung, Unterrichtsmaterialien und Erziehungspläne mit Geschlechterstereotypen konfrontiert.

Rundumschlag, gleich alle sind schuld. Da in Schulbüchern Väter nur hin und wieder Babys wickeln, stricken und sich nur vereinzelt zur Teestunde mit ihrer Männergruppe zum Makramee treffen, statt Bier zu saufen und Fußball zu gucken, gibt es hier noch viel zu tun.

Auch leiten Frauen in Unterrichtsmaterialien nur extrem selten Konzerne, programmieren viel zu selten Großrechner. Vom dritten Geschlecht ganz zu schweigen. Hier findet sich noch ein lohnendes Arbeitsgebiet für die Brüsseler Gender-Gutmenschen.

Aber auch in der klassischen Kinderliteratur geht es noch voll *macho* zu. Sie haben das noch nicht bemerkt? Unsere Kinderbuch-Klassiker stecken voller Geschlechterstereotypen! Und wo der Vater zur Arbeit geht, während die Mutter zu Hause am Herd zurückbleibt, ist der Gender-Satan am Werke. Geschichten, in denen Mädchen mit Puppen spielen, sind *bäh!* und nicht etwa Literatur. Jungs gehören nicht in selbstgebaute Baumhäuser, Mädchen dürfen nicht Hochzeit spielen. Das sind alles überkommene Rollenklischees …

Die Folgen in der Praxis

Am besten sollte man derartig gefährliche Bücher wie »Fünf Freunde«, »Peter Pan«, die Märchen der Gebrüder Grimm oder »Tom Sawyer und Huckleberry Finn« gleich verbrennen! Aber bitte umweltschonend und nicht wie damals die Nazis ohne CO_2-Ausgleich. Ein Buch verbrennen, einen Baum pflanzen – so macht das der moderne Europäer.

Der Besitz des Buches »Wo die wilden Kerle wohnen« sollte mit einer Freiheitsstrafe für den Vater der Familie nicht unter fünf Jahren geahndet werden, denn darin bedient die Hausfrau und Mutter einen überheblichen kleinen Schnösel, der Abenteuer mit lauter Macho-Ungeheuern erlebt.

In der Schule sind Unterrichtseinheiten der Art »Wie werde ich schwul oder lesbisch oder irgendwas dazwischen, um einen besseren Job zu bekommen« natürlich ebenfalls angeraten. Der echte Mann hat jedenfalls keine Chance mehr, der widerliche Macho und Penetrator!

Und wenn die Genderspezialisten schon einmal dabei sind: Die Unterdrücker haben nicht nur die Kinderbücher infiltriert, die gesamte Geschichte und Literatur ist von Geschlechterstereotypen durchtränkt. Beginnend ganz am Anfang: Die Bibel, die Odyssee, die Ilias – alles muss umgeschrieben werden! Was glauben Sie, wie sich der Krieg um Troja ohne dominante Männer entwickelt hätte? Wahrscheinlich hätten heftig miteinander kommunizierende Frauen das Trojanische Pferd gehäkelt. Ach nein, Hektor, Achilles und Odysseus hätten sicher mitgehäkelt, man sollte wirklich mehr darauf achten, sein inneres Geschlechter-Gleichgewicht zu optimieren … Wobei anzumerken wäre, dass Eva Adam mit der Frucht vom

Baum der Erkenntnis verführt hat und wir deswegen aus dem Paradies geworfen wurden. Ob ein Rollentausch daran etwas geändert hätte? Ob Gott in der weiblichen Version die blödsinnige Regel mit dem Baum der Erkenntnis vielleicht gar nicht aufgestellt hätte?

Völlig neue Perspektiven eröffnen sich durch das neue Geschlechterdenken: Romeo und Julia, er auf dem Balkon, sie unten heftig werbend! Frankenstein, eine Kollegin von Siebenstein – die Wissenschaftlerin Victoria Frankenstein erschafft ein offensichtlich weibliches Monster, den Golem schmückt ein ausgedehntes Dekolleté aus Lehm, Martina Luther verhandelt unheimlich geschickt mit dem Papst, während zu Hause Martin an 95 Kochrezepten arbeitet, Kriemhild quatscht den Drachen tot, während Siegfried daheim *Schöner Wohnen* liest.

Und erst der klassische Film: Die weiße Frau rettet den armen und hilflosen Affen King Kong, zwei Frauen in »Manche mögen's heiß« schlüpfen in Männerrollen, um das Geschlechter-Gleichgewicht zu wahren, John Wayne wird als Erzmacho digital aus allen Kopien seiner Western getilgt, Sherlock Holmes in Filmfassungen durch Miss Marple ersetzt.

Übrigens: In Neuproduktionen soll künftig verpflichtend die Anzahl der Geschlechter in Hauptrollen auf mindestens fünf erhöht werden …

Blasen – nicht ohne meine Mutter: Lebensgefährliche Luftballons

Kinder leben gefährlich. Ohne Fahrradhelme, Sicherheitsbeauftragte und die EU-Kommission würden sie ständig reihenweise ins Gras beißen. Ein Segen, dass EU-Beamte unterdessen eine weitere wirklich große Gefährdungsquelle für Kinder aufgedeckt haben und mit Gegenmaßnahmen nicht zögerten: Das Aufblasen von Luftballons ist nach einer EU-Sicherheitsverordnung nahezu lebensgefährlich für alle Kinder unter acht Jahren. Warum, weiß der Himmel. Ach ja, Nitrosamine sollen drin sein im Ballon. Aber waren die nicht schon immer drin? So ab 500 aufgeblasenen Luftballons am Tag könnten die vermutlich gefährlich werden.

Oder ist es die folgende Sache?

Richtlinie 2009/48/EG des Europäischen Parlaments und des Rates vom 18. Juni 2009 über die Sicherheit von Spielzeug (Text von Bedeutung für den EWR)
Anhang II, besondere Sicherheitsanforderungen

e) Bei der Verpackung, in der Spielzeug in den Einzelhandel gelangt, muss das Risiko der Strangulation oder des Erstickens durch eine Blockierung der Atemwege außerhalb des Mund- und Nasenraums ausgeschlossen sein.

Ebenfalls mit Sorge erfüllen EU-Kommissare – Sittenstrolche, Raser vor Kindergärten und Schulen, demente Fernsehserien? Nein, weit gefehlt, Partypfeifen aus Papier sind die Gefahr des Jahrtausends. Sie wissen schon, diese merkwürdigen Schlangen, die sich beim Pusten mit einem total nervigen Ton aufrollen. Die sollen noch viel gefährlicher sein als Luftballons und erst ab 14 benutzt werden dürfen, meinen die Pfeifen aus Brüssel. Vielleicht wegen …

Anhang II, besondere Sicherheitsanforderungen
10. Spielzeug, das dafür konzipiert ist, ein Geräusch abzugeben, ist in Bezug auf die Höchstwerte der durch dieses Spielzeug verursachten Impulsgeräusche und Dauergeräusche so zu gestalten und herzustellen, dass das Geräusch dem Gehör von Kindern nicht schadet.

Oder dem Gehör von Eltern. Auch Magnet-Angelspiele bergen übrigens ein enormes Gefahrenpotenzial:

6. *Elektrisches Spielzeug ist so zu gestalten und herzustellen, dass elektrische, magnetische und elektromagnetische Felder und sonstige durch die Betriebsmittel erzeugte Strahlungen auf das für den Betrieb des Spielzeugs notwendige Maß beschränkt werden …*

Magnetische Strahlung. Das sieht man schon von außen, ohne den Karton zu öffnen, wie diese Magnet-Angelspiele strahlen!

Auf jeden Fall sorgt die EU dafür, dass mithilfe von Spielzeug keine Terroristen ausgebildet werden:

Anhang II, besondere Sicherheitsanforderungen
4. *Spielzeug, insbesondere chemische Spiele und Spielzeuge, darf keine Stoffe oder Gemische enthalten:*
   a) die in vermischtem Zustand entweder durch chemische Reaktionen oder Erhitzung explodieren können;
   b) die durch Vermischung mit oxidierenden (brandfördernden) Stoffen explodieren können oder

c) die flüchtige und an der Luft entzündbare Verbindungen enthalten, die ein entzündbares oder explosives Gemisch mit Luft bilden können.

Keine Chance für die Ausbildung kleiner Bombenbauer!

Aber Gefahren lauern eben oft auch an unerwarteter Stelle. Stichwort Bilderbücher – bloß keine Bilderbücher herumliegen lassen, wenn Kinder in der Nähe unbeaufsichtigt sind! Nicht nur wegen der Gender-Problematik (s. o.). Ein Kleinkind könnte so ein Buch ja zuklappen und sich die Nase oder sonst was klemmen …

11. *Aktivitätsspielzeug ist so herzustellen, dass das Risiko des Quetschens oder Einklemmens von Körperteilen oder des Einklemmens von Kleidungsstücken sowie das Risiko von Stürzen und Stößen und das Risiko des Ertrinkens so gering wie möglich gehalten wird.*

Nein, das ist jetzt wohl ein Irrweg, Bilderbücher sind ja kein Aktivitätsspielzeug. Was, so frage ich Sie, ist überhaupt Spielzeug?

Das klärt die besagte *Richtlinie 2009/48/EG* erstaunlicherweise nicht, aber was *kein* Spielzeug ist, sagt sie klar und deutlich, wodurch sich eine klaffende Regulierungslücke auftut. Sie wollen ein Spielzeug auf den Markt bringen, sich aber nicht an die EU-Vorschriften halten? *Richtlinie 2009/48/EG, Anhang I* eröffnet eine ganze Reihe von Möglichkeiten. Alle hier genannten Gegenstände sind kein Spielzeug – die Logik dieser Liste erschließt sich nur schwer:

Liste von Produkten, die insbesondere im Sinne dieser Richtlinie nicht als Spielzeug gelten (gemäß Artikel 2 Absatz 1)

1. *Dekorative Gegenstände für festliche Anlässe und Feierlichkeiten;*
2. *Produkte für Sammler, sofern auf dem Produkt oder seiner Verpackung ein sichtbarer und leserlicher Hinweis angebracht ist, wonach das Produkt für Sammler, die mindestens 14 Jahre alt sind, bestimmt ist. Zu dieser Kategorie gehören:*
   - *a) original- und maßstabsgetreue Kleinmodelle,*
   - *b) Bausätze von original- und maßstabsgetreuen Kleinmodellen,*
   - *c) Folklore- und Dekorationspuppen und ähnliche Artikel,*
   - *d) Nachbildungen von historischem Spielzeug und*
   - *e) Nachahmungen echter Schusswaffen.*
3. *Sportgeräte einschließlich Rollschuhe, Inlineskates und Skateboards für Kinder mit einem Körpergewicht über 20 kg;*
4. *Fahrräder mit einer maximalen Sattelhöhe von mehr als 435 mm, gemessen als vertikaler Abstand vom Boden bis hin zum oberen Teil der Sitzfläche, mit dem Sitz in horizontaler Position und mit dem Sitzkissen in seiner kleinsten Einraststellung;*
5. *Roller und andere Fortbewegungsmittel, die als Sportgeräte konzipiert sind oder die für die Fortbewegung auf öffentlichen Straßen oder öffentlichen Wegen bestimmt sind;*
6. *elektrisch betriebene Fahrzeuge, die zur Fortbewegung auf öffentlichen Straßen und Wegen oder auf den öffentlichen Gehsteigen bestimmt sind;*
7. *Wassersportgeräte zur Verwendung in tiefem Wasser und Schwimmlernmittel für Kinder, wie Schwimmsitze und Schwimmhilfen;*
8. *Puzzlespiele mit mehr als 500 Teilen;*
9. *mit Druckgas betriebene Gewehre und Pistolen mit Aus-*

nahme von Wassergewehren und -pistolen sowie Bogen zum Bogenschießen, die über 120 cm lang sind;

10. *Feuerwerkskörper einschließlich Amorces, die nicht speziell für Spielzeug bestimmt sind;*
11. *Produkte und Spiele mit spitz zulaufenden Wurfgeschossen, wie Pfeilspiele, bei denen Pfeile mit Metallspitzen verwendet werden;*
12. *funktionelle Lernprodukte, wie Kochherde, Bügeleisen und andere funktionelle Produkte, die mit einer Nennspannung von mehr als 24 Volt betrieben und ausschließlich für didaktische Zwecke zur Verwendung unter Aufsicht eines Erwachsenen verkauft werden;*
13. *Produkte, die für den Unterricht an Schulen und für sonstige Ausbildungssituationen unter der Aufsicht eines erwachsenen Ausbilders bestimmt sind, wie wissenschaftliche Geräte;*
14. *elektronische Geräte wie Personalcomputer und Spielkonsolen zum Zugriff auf interaktive Software und angeschlossene Peripheriegeräte, sofern die elektronischen Geräte oder die angeschlossenen Peripheriegeräte nicht speziell für Kinder konzipiert und für diese bestimmt sind, wie speziell konzipierte Personalcomputer, Tastaturen, Joysticks oder Lenkräder;*
15. *interaktive Software für Freizeit und Unterhaltung wie Computerspiele und ihre Speichermedien (etwa CDs);*
16. *Schnuller für Säuglinge;*
17. *Leuchten, die von Kindern für Spielzeug gehalten werden können;*
18. *elektrische Transformatoren für Spielzeug;*
19. *Mode-Accessoires für Kinder, die nicht als Spielzeug gedacht sind.*

Geht's noch?

Die Folgen in der Praxis

Kinder, denen der ganze EU-Quatsch völlig egal ist, spielen, womit sie Lust haben, und total verwirrte Eltern suchen das Vergessen: Sie vergessen, was die EU zum Thema Spielzeug meint.

Zumal deren Vorgaben ohnehin keinen Pfifferling wert sind. Zum Beispiel die Richtlinien zu den chemischen Inhaltsstoffen von Spielzeug: Hier nehmen es die fürsorglichen Bürokraten der EU nicht sonderlich genau. Die Grenzwerte für Spielzeug in Bezug auf krebserregende, erbgutverändernde oder fortpflanzungsgefährdende Stoffe liegen in der EU-Richtlinie deutlich über den zuvor gültigen deutschen Bestimmungen – zu viel sogar für das Bundesministerium für Ernährung, Landwirtschaft und Verbraucherschutz.

Und auch bei den Schwermetallen darf es laut Europa etwas mehr sein. Die EU legt die Grenzwerte für Erwachsene zugrunde, aber Kinder reagieren viel empfindlicher auf chemische Belastungen.

Kinder, liebe EU-Bürokraten, das sind diese kleinen Menschenlarven, wuseligen Minis, Mitgeschöpfe, aus denen vielleicht auch neue Beamte werden, die später eure Planstellen besetzen werden, wenn ihr im Ruhestand zu Hause vor euch hindämmert.

Zuallererst werden sie euch aber erst einmal kräftig auf die Nerven gehen, wenn ihr gerade wunderschöne neue Bürokraten-Lyrik erschaffen wollt.

Unter 16: Haarefärben verboten!

Täglich werden in den Friseursalons der Republik schwere Verbrechen begangen. Friseure färben Jugendlichen die Haare – und das, obwohl die EU-Kosmetikverordnung es eindeutig verbietet! Skandal! Denn eigentlich müsste sich der Friseur den Ausweis zeigen lassen, bevor er zum Färbemittel greift. Seit dem 1. September 2001 darf ein Jugendlicher in einem Frisiersalon nicht mehr die Haarfarbe wechseln – wegen der in Färbemitteln enthaltenen Phenylendiamine. Die sollen nämlich allergische Schocks auslösen können. Außerdem gelten sie als krebserregend und hautsensibilisierend. Ihr Dampf kann mit Luft ein explosives Gemisch bilden.

Die Folgen in der Praxis

Sie kennen das sicher: Sie gehen durch das In-Viertel einer Großstadt, Sie lieben diese Straßen mit den Läden voller verrückter Klamotten und Accessoires – und dazwischen immer wieder Friseurgeschäfte namens »Hairbase« oder »Schnittstelle«, aus denen schreiend Jugendliche mit gefärbten Haaren rennen, vom allergischen Schock gebeutelt. Ach, und wie romantisch ist es, wenn hin und wieder eines dieser Etablissements mit dumpfem Knall explodiert, weil sich Phenylendiamin-Dämpfe am Joint des Coiffeurs entzündet haben! Friseurstühle, Style-Zeitschriften, Lotions, Potions und andere Pflegemittel in Tiegeln und Flaschen und halb fertig gefärbte minderjährige Kunden segeln in Zeitlupe durch die Luft ...

Darüber macht man keine Scherze? Recht haben Sie. Man könnte jetzt auf die Idee kommen, eine Richtlinie zu erlassen, die den Einsatz von Phenylendiaminen in Haarfärbemitteln verbietet. Das wäre eigentlich nur angemessen angesichts dieses Gefahrenpotenzials. Aber so denkt der EU-Beamte nicht. Schützen wir erst einmal die Jugendlichen, bei den Erwachsenen ist es ohnehin egal.

Perspektiven für die EU als Super-Nanny

- Der genormten Schnullerkette müsste eigentlich zwingend die EU-Windel mit genormter Fäkalienaufnahme, Duftoptimierung, Herkunftsnachweis und genauesten Recycling-Vorgaben für die Sondermülldeponie folgen. Was für ein Segen für das Baby, dass im EU-Parlament noch immer 65 % Männer ihre jeweilige Nation vertreten, und die haben mit Windeln eben nichts am Hut, vor allem nicht mit vollen …
- Der Tagesmutter als Lebensmittelunternehmerin sollte der Zeitungsausträger folgen; letztlich handelt es sich bei seiner Arbeit um eine professionelle Auslieferungstätigkeit im Medienbereich, die bis ins Detail geregelt werden müsste. Auch juristische Fragen stehen im Raum: Ist der Zeitungsausträger für die Inhalte verantwortlich, und kann er gegebenenfalls für kriminelle oder pornographische Angebote belangt werden? Internetprovider stehen übrigens vor ähnlichen Problemen …
- Die Forderung nach politisch korrekter Kunst und Literatur wurde bereits im betreffenden Kapitel dargestellt. Um Diskriminierung zu vermeiden, sollten alle Inhalte, welche das Geschlecht einer Person kenntlich machen, durch neutrale Formulierungen (zum Beispiel die Endung -ix) ersetzt werden. Besonders die diskriminierenden Artikel – der, die, das – gehören ausgemerzt. Vielleicht könnten sie künftig in

allen Druckwerken durch das aus Migrantenkreisen stammende neutrale Universalwort »dem« ersetzt werden, und das schon im Titel: »Dem Judenbuche«, »Dem Babierix von Sevillix«, »Dem Nibelungix-Liedix«, »Dem alten Ix und dem Meer«, »Dem Leiden von dem jungen Werthix« usw. Und das natürlich in allen in Europa vertretenen Sprachen.

- Auch die Errettung des nichts ahnenden naiven Kindes angesichts der Gefahr böser Luftballons, von das Gehör zerstörenden Partypfeifen und magnetischen Risiken des Angelspiels kann erst ein Anfang sein. Eine sinnvolle und langfristige Perspektive wäre die Einführung des sicherheitsverstärkten Ganzkörperkondoms für Kinder in der EU. Die Ansage, dass Puzzles mit mehr als 500 Teilen kein Spielzeug sind, geht schon in die entsprechende Richtung: Kinder sind doof und müssen vor der Wirklichkeit geschützt werden. Eltern auch, aber es gibt zum Glück ja die EU-Kommission.
- Die Errettung jugendlicher Friseurkunden vor der Phenylendiamin-Explosion schärft den Blick für Explosivstoffe in unserer alltäglichen Umgebung ganz generell. In den meisten Küchen zum Beispiel gibt es erhebliche Mengen davon. Dynamit? TNT? So fragen Sie sich jetzt vielleicht. Nein, Mehl, Sie ahnungslose Sicherheits-Null! Mehlstaub aus Weizen und Roggen hat, mit Luft durchmischt, eine enorme Sprengkraft, und 1979 forderte so eine Mehlstaub-Explosion 14 Todesopfer und richtete einen Schaden von über 100 Millionen Euro an, als in Bremen eine Großmühle in die Luft flog. Jetzt sehen Sie das weiße Pulver in ihrem Küchenschrank mit anderen Augen, oder? Nein, nicht *dieses* weiße Pulver ... Mehl! Wäre es nicht schön, wenn die Europäische Kommission für einen Warnhinweis auf jeder Mehltüte sorgen oder ein Verbot von Mehl im ungesicherten Haushalt durchsetzen könnte? Von Explosionen durch Pheny-

lendiamin im Friseurladen haben Sie in den Medien noch nichts gehört, aber jedes Jahr ereignen sich ungefähr 700 Staubexplosionen, darunter etliche durch Mehl verursacht. Apropos Staub: Auch Hausstaub kann in die Luft fliegen, ein einziger Funke kann genügen … Eine behördliche Regelung der Sauberkeit im Haushalt und stichpunktartige Kontrollen durch speziell geschulte EU-Staubexplosionsbeauftragte könnten unser Leben noch ein Stückchen sicherer machen. Gefahren lauern überall!

Sex mit der EU

Sie Ferkel – Sie haben womöglich jahrelang Sex nicht nur ohne Segen der Kirche gehabt, sondern auch die EU-Bürokratie außen vor gelassen – außen vor Ihrem Schlafzimmer. Schluss mit der ungestörten Reproduktionsgymnastik ohne Gedanken an das große Ganze! Die EU ist jetzt immer dabei, denn ihre Verfügungsgewalt reicht auch bis unter Ihre Bettdecke und schreibt Ihnen, lieber männlicher EU-Bürger, sogar vor, wie die Bekleidung für Ihren Lustlümmel beschaffen sein soll ...

Didödeldi: Fassungsvermögen und minimale Länge von Kondomen

Ja, liebe EU-Bürokraten, vielleicht wussten Sie es noch nicht, der Mann ist untenherum unterschiedlich, international betrachtet. Während man es in Asien reproduktionsmedizinisch kurz und kräftig trägt, lässt Afrika lang raushängen, und Mitteleuropa baumelt in etwa in der Mitte herum. Habt ihr das bei der Europa-Norm EN 600 (1996) berücksichtigt?

Nicht nötig, es geht ja nur um mitteleuropäische Kondome, höre ich jetzt als Antwort. Kondome mit CE-Prüfzeichen müssen mindestens 170 mm lang sein, einen Durchmesser von 44–56 mm besitzen, und die Wandstärke sollte 0,04–0,08 mm weder unter- noch überschreiten. Das Berstvolumen sollte mindestens 18 Liter betragen, und die Überzieher sollten auf das Siebenfache ihrer Normalgröße dehnbar sein. (Die internationale Norm EN ISO 4074 sieht das lockerer.)

Mittlerweile hat man nach neuen Untersuchungen die Werte aber etwas verändert und den (ein wenig frustrierenden) Realitäten angepasst: Die EU empfiehlt für Kondome zurzeit ein Fassungsvermögen von 5 l und eine minimale Länge von 160 mm.

Warum Bürokraten so etwas überhaupt regeln: aus Eigeninteresse! Vermutlich bieten sich ganze Scharen von EU-Parlamentariern für ausführliche Tests und die Überprüfung der Einhaltung der Vorschriften in Europas Freudenhäusern an. Es ist nur zu hoffen, dass sie dabei nicht auf die Idee kommen, die Gurkenverordnung mit ihren Vorgaben für die Krümmung auf die Penisse der EU-Männer anzuwenden ...

Die Folgen in der Praxis

Augen auf beim Kondom-Kauf! Fragen Sie im Geschäft ruhig einmal nach, ob die Überzieher wirklich der EU-Norm entsprechen, es müssten nämlich mindestens volle 5 Liter hineinpassen. Sonst sind sie für lustige Kondom-Scherze der Hauptschüler (mit Wasser füllen, aus dem vierten Stock auf die Schulleiterin fallen lassen) nur bedingt geeignet.

Sie haben Probleme mit der Länge? 160 mm sind ihnen nicht genug? Haben Sie sich nicht so, Sie ziehen ja im Winter Ihre Pudelmütze auch nicht bis unters Kinn. Internationale Kondome ohne EU-Norm und CE-Siegel kaufen? Wer weiß, was Ihnen und Ihrer einäugigen Schlange da für Gefahren drohen ...

Bumsen statt bolzen: Prostitution während der Fußball-WM

Das Parlament befasste sich aufgrund der untenstehenden schriftlichen Anfrage E-1388/06 von Gay Mitchell (PPE-DE) an den Rat mit dem Frauenhandel und der Prostitution während der Fußballweltmeisterschaft 2006:

Betrifft: Handel und Prostitution mit Frauen während der Fußballweltmeisterschaft

Während 3 Millionen Fans zum Besuch der Fußballweltmeisterschaft im Juni dieses Jahres in Deutschland erwartet werden, weisen alle Schätzungen auf einen dramatischen Anstieg der Prostitution und des Menschenhandels in den zwölf betroffenen Austragungsorten hin. Wird der Rat gewährleisten, dass das Thema Menschenhandel und Prostitution als dringende Angelegenheit auf die Tagesordnung der Sitzung der Justizminister Ende April gesetzt wird? Welche Anstrengungen wird der Rat vor diesem Ereignis unternehmen, um sowohl den Handel als auch die Prostitution mit Frauen zu unterbinden?

In eine ähnliche Richtung ging die folgende Anfrage:

SCHRIFTLICHE ANFRAGE von Eva-Britt Svensson (GUE/NGL) an den Rat

Betrifft: Einrichtung von Bordellen für die Fußballweltmeisterschaft in Berlin

Antwort(en)

»Fußball und Sex passen wunderbar zusammen.« So die Worte eines Vertreters der Investitionsfirma, die u. a. mit Blick auf das

im Rahmen der Fußballweltmeisterschaft im Sommer 2006 in Berlin zu erwartende Publikum ein »Riesenbordell« hochziehen wird. Dabei geht man davon aus, dass Frauen ihren Körper darbieten, um die Fußball-WM für Männer, die diesem Großereignis beiwohnen wollen, attraktiver zu gestalten.

Kann der Rat darlegen, inwieweit die Auffassungen der Union in Bezug auf Menschenrechte und ihre Bemühungen um Gleichberechtigung mit der Einrichtung von Bordellen, in denen Frauen ihren Körper an Männer verkaufen sollen, vereinbar sind?

Und was riet der Rat?

Gemäß den Schlussfolgerungen des Rates vom 27. April 2006 unterstreicht der Vorsitz unter Hinweis auf die Entschließung des Europäischen Parlaments vom 15. März 2006 über die sexuelle Ausbeutung im Rahmen internationaler Sportereignisse, dass bei wichtigen internationalen Ereignissen, insbesondere Sportereignissen, erfahrungsgemäß die Gefahr besteht, dass der Menschenhandel vorübergehend zunimmt. Deshalb werden die Mitgliedstaaten der Europäischen Union auf Grundlage ihrer früheren Erfahrungen bewährte Vorgehensweisen austauschen und Maßnahmen zur Verstärkung ihrer Zusammenarbeit ergreifen, um eine Zunahme des Menschenhandels, insbesondere zum Zwecke der sexuellen Ausbeutung, zu verhindern.

Die Folgen in der Praxis

Ob das hilft? Die widerwärtigen Fußball-Machos werden nach dem Preis fragen, aber sonst dürfte ihnen wie üblich alles egal sein. Und warum heißt das älteste Gewerbe der Welt wohl so?

Schon frühere Versuche, diese Verbindung zwischen Lust und Geschäftstüchtigkeit zu unterbinden, sind kläglich gescheitert.

Andererseits – die technischen Möglichkeiten eröffnen heutzutage erstaunliche Chancen: Ein von der EU zertifiziertes Kamerasystem mit Gesichtserkennung, an jedem Bordelleingang installiert, könnte die betreffende Kundschaft in einer Datenbank speichern. Eine weitere derartige Kamera am Stadioneingang wäre geeignet, Bordellbesucher zu identifizieren und von der Teilnahme am Sportereignis ausschließen. Dann müssten sich diese sexuell interessierten Fans die Liveübertragung des Spiels auf dem Großbildschirm im Bordell ansehen. Ihre Eintrittskarte könnte dann in einen Gutschein für erotische Dienstleistungen umgewandelt werden ...

Wenn beim Beamten nichts mehr geht: Kostenerstattung für Viagra

Die Kosten für die Gesundheitsvorsorge wuchsen 2002 bei der EU in Brüssel wie überall ins Uferlose, aber dennoch beschlossen die Verantwortlichen bei der zuständigen Krankenkasse, künftig für Viagra und ähnliche Medikamente zu zahlen, die EU-Beamte benötigen. Das veranlasste die belgische EU-Abgeordnete Kathleen Van Brempt (PSE – Progressive Allianz der Sozialisten & Demokraten) zu folgender Anfrage:

Betrifft: Erstattung für Viagra

Die Krankenversicherung der 45 000 europäischen Beamten hat soeben beschlossen, unter bestimmten Voraussetzungen die Kosten der Potenzpille Viagra zu erstatten. Damit ist diese

Krankenversicherung die erste in Europa, die dies beabsichtigt. Der französischen Zeitung Le Monde zufolge wurde dieser Beschluss zu einem Zeitpunkt gefasst, zu dem die Krankenversicherung, die zu zwei Dritteln von der EU finanziert wird, erstmals seit ihrem Bestehen ein Defizit zu verzeichnen hat.

Wie viele europäische Beamte kommen für eine Erstattung für Viagra infrage?

Warum hält die Kommission es für notwendig, Viagra in die Liste der von ihrer Krankenversicherung erstatteten Medikamente aufzunehmen?

Wenn Erektionsstörungen ein Problem sind, muss die Kommission dann nicht eine Initiative ergreifen, damit Viagra in allen europäischen Mitgliedsstaaten von den Krankenversicherungen erstattet wird?

Viagra umsonst? Ein gefundenes Fressen für die Boulevardpresse: Der ganze männliche Teil des Europaparlaments poppt, fickt und vögelt sich die Seele aus dem Leib, und das auf Kosten der EU-Bürger, die das wilde Treiben durch Viagra, Levitra und Cialis auf EU-Kosten erst möglich machen. Der Volkszorn kocht, denn eigentlich sollten alle EU-Bürger auf Kosten der Europäischen Union pharmazeutische Stehhilfen erhalten …

Die Folgen in der Praxis

Ja, es gibt EU-Abgeordnete, denen helfen europäische Gelder auf die Sprünge. Allerdings sind es nur zehn, und die verdanken ihre erektile Dysfunktion schweren Krankheiten wie

Krebs. Nur für solche Fälle übernimmt die Krankenkasse für Bedienstete der EU die Kosten.

Alles gut also? Nein, das kann man so nicht sagen, denn die EU-Abgeordneten (auch und im Besonderen die Parlamentarierinnen) verbraten jedes Jahr etwa 3,5 Millionen Euro unter anderem für Schönheitsoperationen wie Brustvergrößerungen und -verkleinerungen, Haarentfernungen, Wellness-Behandlungen und Kuren. Jedem von ihnen stehen pro Jahr 21 Wellness-Tage zur »medizinisch-kosmetischen Prophylaxe« zu, bezahlt vom Steuerzahler. In so paradiesischen Zuständen medizinischer Fürsorge würden Sie auch gern leben? Wie man EU-Abgeordneter wird, wollen Sie wissen? Einfach wählen lassen!

Safe and secure: Mehr Sicherheit bei medizinischen Ersatzteilen?

Wenn man die oben beschriebene »medizinisch-kosmetische Prophylaxe« für EU-Abgeordnete ins Auge fasst, ist unverständlich, dass eine Mehrheit aus Christdemokraten und Liberalen strikte Auflagen mit Blick auf menschliche Ersatzteile, Hilfsmittel und Körper-Optimierungen verhindert hat: Die Forderung nach einem zentralen Zulassungsverfahren für Hochrisikoprodukte fand im Parlament keine Mehrheit. Nach dem Skandal um Billigbrustimplantate aus Frankreich sollen nach dem Willen der EU nun aber auch Medizinprodukte wie Herzschrittmacher und Hüftprothesen oder besagte Brustimplantate genaueren Vorschriften unterworfen werden – schließlich könnte es ja die Parlamentarierin selbst erwischen, wenn weiterhin Baumarktsilikon eingefüllt wird. TÜV oder

Dekra sollen testen, was später den Sexappeal auch der weiblichen Politik erhöhen helfen kann.

Die Folgen in der Praxis

Wird es nun sicherer, sich mal eben etwas einbauen zu lassen? Zur Klärung des Sachverhalts hilft die Frage weiter: Wie konnte es überhaupt zum Skandal mit den französischen Baumarkt-Implantaten der Firma PIP (Poly Implant Prothèse) kommen? Der TÜV Rheinland war doch für deren Prüfung zuständig. 1600 Frauen und sechs Händler verklagten die Prüforganisation deshalb in einem Zivilverfahren auf Schadensersatz, und Anfang 2014 wurde ihnen ein Abschlag auf eine Schadensersatzsumme von insgesamt 16 000 Euro pro Fall zugesprochen. Je 3000 Euro sollte der TÜV schon einmal zahlen, obwohl damit noch kein Schuldspruch verbunden ist.

Das Vergehen der Firma PIP: Die Wabbelkissen waren nicht tatsächlich mit dem medizinischen Silikon-Gel gefüllt, das die Firma in den Herstellungsunterlagen auswies. Stattdessen hatten die geldgeilen Franzosen das fünfmal billigere Industriesilikon verwendet.

Und warum entdeckte der TÜV das nicht? PIP-Gründer Jean-Claude Mas hat den TÜV jahrelang bewusst getäuscht, was ihm aber auch ausgesprochen einfach gemacht wurde. Die TÜV-Prüfer kündigten ihre Ortstermine jeweils zehn Tage vorher an, was den Mitarbeitern des Herstellers die Möglichkeit gab, alle verdächtigen Dokumente und Substanzen verschwinden zu lassen. Ansonsten wurde wohl nur untersucht, ob die Angaben des Herstellers in den Begleitdokumenten den Vorschriften entsprachen.

So also steht es um die Sicherheit von Produkten in der Europäischen Union.

Relax: Ein bisschen Entspannung zwischendurch

Nichts als Stress, Konzentration im Parlament, jeden Tag nervende Streitereien und Auseinandersetzungen, insgesamt also übermenschliche Belastungen – so sieht der Alltag des durchschnittlichen EU-Abgeordneten aus. Und da Männer ja deutlich stressanfälliger sind als Frauen, kann man schon verstehen, dass sie am Ende ihres langen Arbeitstages ein wenig ... nun ja ... Entspannung brauchen ...

Eingedenk dieser Umstände ist es einfach zu verstehen, weshalb ein Antrag der dänischen EU-Abgeordneten Karin Riies-Jörgensen und weiterer 36 Parlamentarier scheitern musste, die 2008 eine besondere Art von Ehrenkodex angeregt hatten: EU-Parlamentarier sollten künftig nur noch in Hotels nächtigen, in denen keine Prostituierten ihre Dienste anbieten. Auf diese Weise sollte das Europaparlament seine Solidarität im Kampf gegen Prostitution und Frauenhandel zum Ausdruck bringen.

Die Folgen in der Praxis

Somit stellte sich für die potenziell gestressten Abgeordneten die Frage: Solidarität oder Entspannung? Der damalige Parlamentspräsident Hans-Gert Pöttering (CDU) nahm das Schreiben von Karin Riies-Jörgensen mit seinem moralischen Ansinnen entgegen, und Silvana Koch-Mehrin, sonst eher zur Tatenlosigkeit tendierend, fachte das Feuer noch an, indem sie in der Bunten moralgeifernd über das Lotterleben ihrer Kollegen in Straßburg berichtete. Möglicherweise war sie irgendwann ja einmal mit einer der Damen aus dem horizontalen Gewerbe verwechselt worden …

Diese Attacken riefen wiederum Männer auf den Plan: Joseph Daul, Vorsitzender der Fraktion der Europäischen Volkspartei (EVP), wollte eine offizielle Entschuldigung von Koch-Mehrin, sie habe die Abgeordneten »beschmutzt und beleidigt«. Der Abgeordnete Daniel Cohn-Bendit, auch sonst in Sachen Sex in allen Spielarten nicht zimperlich, entrüstete sich über eine »dümmliche Sauberkeitskampagne«, welche den »Fantasien von Frau Koch-Mehrin« entsprungen sein solle.

Und was geschah dann mit dem Antrag der dänischen EU-Abgeordneten? Parlamentspräsident Pöttering übermittelte den Brief an den Ältestenrat der EU. Das war's. Offenbar denken die sechs alten Herren bis heute gründlich über die Forderung nach – die aber wohl auch nicht mehr allzu viel mit ihrer eigenen Problemlage zu tun hat …

Mittlerweile begeben sich die nach Entspannung suchenden EU-Abgeordneten aber dennoch auf dünnes Eis, sprachen sich doch die einundsechzig Mitglieder des Komitees für Frauenrechte und Gleichstellung in einer Abstimmung am 24. Januar 2014 für das »Schwedische Modell« zur Bekämpfung von Prostitution und Menschenhandel aus. Während die britische Labour-Abgeordnete Mary Honeyball (!) das Ergebnis mit den Worten bejubelte: »Das straft Männer ab, die Frauen wie eine Ware behandeln, ohne dass gleichzeitig Frauen, die zur Sexarbeit getrieben wurden, sich einer Kriminalisierung ausgesetzt sehen«, dürften gewisse Hinterbänkler damit beschäftigt gewesen sein, ein mulmiges Gefühl zu verdrängen. Besagt doch das Schwedische oder Nordische Modell, das der Käufer sexueller Dienstleistungen kriminell ist und nicht die Prostituierte …

Perspektiven für Sex mit der EU

- Schon der Augenblick der Erkenntnis beim Anlegen eines Kondoms, die frustrierende Einsicht, dass man(n) nur einen 160-Millimeter-EU-Normdödel besitzt, wirkt unterschiedlich auf die männliche Potenz. Die einen, vermutlich EU-Beamte mit kostenlosem Viagra-Account, fühlen sich behördlich stabilisiert, die anderen, aller Wahrscheinlichkeit nach haltlose Chaoten, leiden bei derartigen Zwangsvergleichen in ihrer sexuellen Leistungskraft, zumal ihnen die Europäische Union auch noch den Weg ins Bordell kriminalisieren will. Schlimm für den Einzelnen, doch genügen die bisherigen Maßnahmen der Brüsseler Bürokratie noch nicht, um den anstehenden Aufgaben gerecht zu werden, zum Beispiel um den dramatischen Rückgang der Bevölkerungszahl in der Europäischen Union zu bekämpfen. In diesem Zusammenhang könnte man übrigens auch über eine Kondom-Rationierung oder eine durch die EU festgelegte Anzahl von Zeugungsversuchen nachdenken. Um eventuelle Lustlosigkeit zu bekämpfen, wäre durch eine mindestens zehnköpfige Expertenkommission über einen ausreichend langen Zeitraum – ein Jahrzehnt oder so – zu untersuchen, welches wie geformte Brustimplantat besonders motivierend auf den männlichen EU-Bürger wirkt.

Die EU am Arbeitsplatz

Marx und Engels, Kolping und Ollenhauer – sie alle traten für die Interessen der arbeitenden Klasse ein und sorgten dafür, dass diese heute so schlecht nicht dasteht. Die Interessen von Arbeitnehmern vertreten die Gewerkschaften oder der jeweilige Arbeitnehmer selbst, und wenn es zum Krisenfall kommt, gibt es immer noch die Arbeitsgerichte. Wer aber überholt jetzt die Gewerkschaften links und stellt auch Forderungen, auf die selbst ein alkoholisierter Unterbezirkssekretär der IG Drogen und Verkehr nicht gekommen wäre? Die EU natürlich – diese Antwort hätten wir uns sparen können.

Dekolleté? Nee! – Die Sonnenscheindauer für Arbeitnehmer

Die EU, wie immer in Sorge um das Wohl ihrer Schäfchen, wollte in einem Entwurf einer »Richtlinie zum Schutz vor optischer Strahlung« die Sonnenscheinexposition für Arbeitnehmer regeln. Man sorgte sich um Bauarbeiter, die mit nacktem Oberkörper arbeiten – vermutlich hatten vor allem die weiblichen Abgeordneten ihren Blick zu lange auf die muskulösen Männer auf den Gerüsten vor ihren Büros gerichtet, man kennt das ja aus der Werbung.

Ein Arbeitgeber, so jedenfalls der EU-Ansatz in besagtem Entwurf, sollte seine Angestellten nach der Zielsetzung der geplanten gesetzlichen Regelung nämlich nicht nur über die Auswirkungen von Röntgenstrahlen und atomaren Strahlen aufklären, sondern auch über die Gefahren von ganz gewöhnlichen Sonnenstrahlen. Über Sonnenschutz weiß man ja auch so gut wie nichts als gewöhnlicher Mensch und Nicht-EU-Kommissionsmitglied. Danke, EU-Kommission!

Außerdem wurde in dem Richtlinienentwurf dem Arbeitgeber zur Auflage gemacht, eine Gefährdungsbeurteilung für diejenigen Arbeitnehmer durchzuführen, die natürlichen Quellen optischer Strahlung, also der Sonne, ausgesetzt sind. Oder strahlt auf der Baustelle sonst noch etwas natürlich?

Während vermutlich einige EU-Abgeordnete – natürlich auch ein paar männliche, warum denn auch nicht? – die Bauarbeiter fest im Blick hatten, warfen andere ein Auge auf die Kellnerinnen im Biergarten – so oben herum. Ja, das sei schon wichtig, entgegneten die in dieser Hinsicht sehr engagierten Parlamentarier auf Kritik hin, das sei keineswegs der zwanghafte Wunsch nach Regulierung.

Kellnerinnen, so vermuteten daraufhin die Interessenvertreter der Gastronomie, müssten nach dieser Bestimmung oben herum großflächig überwacht werden, denn sonst schienen diese fiesen, schädlichen Sonnenstrahlen auf diese wunderbaren … ähem … ungeschützten Hautpartien und richteten dort Schaden an. Man(n) sorgte sich eben in vielfältiger Weise um diese fleißigen Arbeitnehmerinnen – und vor allen um deren den Umsatz fördernde Wirkung.

Andere Gastronomen sahen wohl neue Möglichkeiten: Auf jeden Fall solle das Dekolleté nicht zu groß sein, oder, wenn es eine gewisse Fläche überschreite ... tja, müsse der Chef gewissermaßen selbst ordnend eingreifen und verpflichtet werden, die gefährdete Region mit Sonnenschutzcreme einzureiben. Na ja ... Das wäre dann schon eher sexuelle Belästigung am Arbeitsplatz, und ganz in diese Richtung gingen die EU-Überlegungen, ehrlich gesagt, denn auch nicht.

Die Folgen in der Praxis

Sonnenschirme und Zirkuszelte für Baustellen? Sonnenmilch literweise auf dem Bau? Die Umsetzung der Sonnenschutz-Richtlinie hätte auf irgendeiner x-beliebigen sommerlichen Baustelle womöglich folgendes Gespräch zur Folge gehabt:

Polier: »Äwinn, samma, hasse empfintliche Haut?«

Maurer: »Nä! Und wenn – watt geht dich datt denn an? Bisse jetz meine Kometikberaterin?«

Polier: »Et is Somma, Äwinn! Und du biss schonn ganz schön am Rot sein auffem Rücken! Dem Schäff sagt, ich muss dich einreiben, wennze rot wirs! Datt is wegen die EU-Richtlinie!«

Maurer: »EU-Richtlinie? Geh mich sofoat weg mit dein Sonnenöl-Scheiß, sonz säufste dein Bia gleich ausse Schnabeltasse!«

Zumindest Schutzkleidung sollten sie tragen, die Bauarbeiter und die Kellnerinnen, und da protestierte dann so mancher, unter anderem der deutsche Gaststättenverband und – nicht ganz so wichtig – die Vereinigungen der Bauwirtschaft. Ein Sturm der Entrüstung brach vor allem in Bayern los, man fürchtete um die bekannt offenherzige Biergartenkultur.

Und die Proteste hatten Erfolg: Im Mai 2010 wurde das als »Sonnenschein«-Richtlinie bekannte Werk vom Parlament in der vorgelegten Form mit Mehrheit abgelehnt. EU-Tipps für das richtige Verhalten bei Sonnenschein sind vorerst vom Tisch. Bauarbeiter können ihren prächtigen Oberkörper ganz nach eigenem Gutdünken bestrahlen lassen, gerade so wie auch das Personal in Gartenlokalen.

Apropos so viel nackte Haut: Kam eigentlich noch kein EU-Abgeordneter auf die Idee, dass man FKK-Anhänger zum Schutz gegen die schädlichen Strahlen des aggressiven Fixsterns per Verordnung zum Tragen von Kleidung verpflichten könnte?

Schlechte Vibrationen: EU schützt Arbeitnehmer am Presslufthammer

Straßenbau ist ungesund. Wer täglich mit dem Presslufthammer arbeitet, ist in Gefahr, schwere körperliche Schäden davonzutragen, glaubt man bei der EU. Dass der Straßenbau eine Knochenarbeit und auch durch den Umgang mit einigen gesundheitsschädlichen Substanzen tatsächlich wenig förderlich für die Gesundheit ist, dürfte außer Frage stehen, aber die EU sieht vor allem den Mann am Presslufthammer in Gefahr.

Richtlinie 2002/44/EG des europäischen Parlaments und des Rates vom 25. Juni 2002 sagt denn auch an, dass etwas dagegen zu tun ist:

Die Einführung von Maßnahmen zum Schutz der Arbeitnehmer vor den durch Vibrationen verursachten Gefahren wird aufgrund ihrer Auswirkungen auf die Gesundheit und die Sicherheit der Arbeitnehmer, nämlich insbesondere Muskel- und Skelettschädigungen, neurologische Erkrankungen und Durchblutungsstörungen, als notwendiger erster Schritt angesehen. Mit diesen Maßnahmen sollen nicht nur die Gesundheit und die Sicherheit jedes einzelnen Arbeitnehmers geschützt, sondern es soll für die gesamte Arbeitnehmerschaft der Gemeinschaft ein Mindestschutz sichergestellt werden, der möglichen Wettbewerbsverzerrungen vorbeugt.

Es scheint ja mächtig zu vibrieren in der Gemeinschaft. Was tut man aber gegen das Gerüttel? Enorm hilfreich für den Arbeitnehmer ist es, dass der Arbeitgeber Folgendes immer im Auge behalten muss:

(5) Der Arbeitgeber muss im Besitz einer Risikobewertung gemäß Artikel 9 Absatz 1 Buchstabe a) der Richtlinie 89/391/EWG sein und ermitteln, welche Maßnahmen gemäß den Artikeln 5 und 6 der vorliegenden Richtlinie zu treffen sind. Die Risikobewertung, die gemäß einzelstaatlichen Vorschriften und Praktiken auf einem geeigneten Datenträger zu dokumentieren ist, kann eine Begründung des Arbeitgebers einschließen, wonach eine detailliertere Risikobewertung aufgrund der Art und des Umfangs der Risiken im Zusammenhang mit Vibrationen nicht erforderlich ist. Die Risikobewertung ist regelmäßig zu aktualisieren, insbesondere wenn bedeutsame Veränderungen eingetreten sind, sodass sie veraltet sein könnte, oder wenn sich eine Aktualisierung aufgrund der Ergebnisse der Gesundheitsüberwachung als erforderlich erweist.

Hä? Wie soll das denn gehen? Arbeitgeber fragt Arbeitnehmer: »Ey, Benno, rüttelt es heute mehr als gestern?« Antwort:

»Kann ich nich sagen, Chef, ich hab mich gestern einen gedröhnt und hab jez sonne Birne!«

Auf jeden Fall aber sollte der Arbeitnehmer vom Arbeitgeber »unterrichtet« werden:

Unterrichtung und Unterweisung der Arbeitnehmer

Unbeschadet der Artikel 10 und 12 der Richtlinie 89/391/EWG stellt der Arbeitgeber sicher, dass die Arbeitnehmer, die einer Gefährdung durch Vibrationen bei der Arbeit ausgesetzt sind, und/oder ihre Vertreter Informationen und eine Unterweisung im Zusammenhang mit dem Ergebnis der Risikobewertung nach Artikel 4 Absatz 1 der vorliegenden Richtlinie erhalten, die sich insbesondere auf Folgendes erstrecken:

a) aufgrund dieser Richtlinie ergriffene Maßnahmen zur Beseitigung oder zur Minimierung der Gefährdung durch Vibrationen;
b) Expositionsgrenzwerte und Auslösewerte;
c) Ergebnisse der Bewertungen und Messungen der Vibrationen gemäß Artikel 4 der vorliegenden Richtlinie und potenzielle Verletzungsgefahren, die von den verwendeten Arbeitsmitteln ausgehen;
d) Erkennen und Melden der Anzeichen von Schädigungen (Zweckmäßigkeit und Vorgehensweise);
e) Voraussetzungen, unter denen die Arbeitnehmer Anspruch auf eine Gesundheitsüberwachung haben;
f) sichere Arbeitsverfahren zur Minimierung der Exposition gegenüber Vibrationen.

Arbeitgeber fragt Arbeitnehmer: »Ey, Benno, haste dat Infoblatt gelesen, das ich dich gestern innen Spind gelegt hab?«

Antwort: »Dat war 'n Infoblatt? Ehrlich, Chef, dat wusst ich nicht, dat liegt jetzt ganz unten im Dixi-Klo.«

Arbeitgeber: »Macht nix, Benno, war ja ohnehin nur gequirlte Kacke.«

Die Folgen in der Praxis

Man gewinnt den Eindruck, dass Arbeitgeber und Arbeitnehmer, wenn sie streng nach EU-Richtlinie arbeiteten, vermutlich keinen Meter Straße je fertigstellen würden, weil ständig Schutzmaßnahmen gegen Vibrationen (oder Sonneneinstrahlung) anstünden, der Arbeitnehmer untersucht und/oder unterrichtet werden müsste und neue Arbeitsgeräte anzuschaffen und auszuprobieren wären. Auch die ständige Lektüre und die anschließende Entsorgung der jeweils entsprechenden EU-Richtlinien auf dem Dixi-Klo würde gar viel Zeit kosten ...

Hilfreich: Schutzhelmpflicht für Seiltänzer?

Die EU fordert die Schutzhelmpflicht für Seiltänzer – so verbreitete es zumindest die britische Presse, bekanntermaßen in weiten Teilen alles andere als EU-freundlich und immer bereit, die Ressentiments der EU-Skeptiker auf der Insel zu bedienen. Ein russischer Seiltänzer solle in einem EU-Land gezwungen worden sein, während der Arbeit einen Schutzhelm zu tragen.

Zu solchen Kuriosa kommen britische Schreiberlinge, weil die EU ihnen perfekte Steilvorlagen liefert. Indem sie tatsächlich vorhandene EU-Vorschriften in die Praxis übertragen und daraus Situationen konstruieren, die möglicherweise entstehen könnten, ziehen sie Brüssel und dessen Bürokratie-Produkte durch den Kakao und führen es ad absurdum. Im Falle des Seiltänzers war dies eine Schutzverordnung für Arbeiten in großen Höhen, die aber keinesfalls für Zirkuskünstler gelte, wie die Eurobürokratie auf Anfrage gegenüber der Presse bestätigte.

Nicht schlimm, basteln wir weitere Schauermärchen für publikumswirksame Yellow-Press-Artikel, die EU lädt durch ihre Arbeit ja schließlich zu »Enten« aller Art geradezu ein: Jede EU-Bürgerin müsse ab sofort – so die britische Sensations-Journalie – aufgrund gewisser Bestimmungen für das Recycling von Elektrogeräten ihren Vibrator, wenn er defekt sei, unbedingt über den Fachhandel entsorgen, was sie als gute Demokratin und umweltbewusste Mitbürgerin sicherlich auch mit großem Vergnügen und unter großer öffentlicher Anteilnahme erledigen werde.

Metzger dürften aus Gründen der Gesundheitsvorsorge Hunden keinen Knochen mehr zum Abnagen hinwerfen. Diese Meldung der einschlägig bekannten Presseorgane könnte die Rache an der Europäischen Union sein, welche ja den Import von britischem Beef während der BSE-Krise verboten hat.

Der nächste Schocker: Pub-Besitzer müssten sich den britisch-warmherzigen Umgang mit ihrem Personal abgewöhnen und dürften ihre Bedienung nicht mehr mit *darling* oder *sweetheart* anreden, auch wenn sie dies zuvor seit Jahrzehnten getan hätten. Es handele sich dabei – in neuerer Brüsseler Sichtweise – um sexuelle Belästigung. Interessante Konstellationen entstehen übrigens, wenn die Bedienung wirklich das Darling des Wirts oder der Kellner das Sweetheart der Wirtin ist ...

So macht man in Großbritannien kreativen Journalismus; über dessen Ergüsse lachen die Leser gern. Zum einen, weil sie zugegebenermaßen recht lustig sind, zum anderen aber auch deshalb, weil die Erfindungen der schreibenden Zunft von der Insel durchaus wahr sein könnten und in Art und Denkweise keinesfalls weit entfernt von tatsächlichen EU-Schandtaten sind ...

Die Folgen in der Praxis

Eigentlich keine. Doch, Bernhard Paul und André Heller entwerfen schon mal coole Schutzhelme für den Circus Roncalli. Britische Frauen gründen einen Verein, der »Anonymous Vibrations« oder »Electric Darling« heißt und einen kostenlosen Dienst zur namenlosen Entsorgung defekter Vibratoren anbietet. Metzger kaufen hochleistungsfähige Zerkleinerungsmaschinen und packen die Knochen, die sonst ihr Hund gefressen hat, in die Wurst. Und die britischen Gastwirte und Gastwirtinnen scheren sich wahrscheinlich in guter alter Inseltradition einen Dreck darum, was die EU so alles beschließt ...

Echte Stütze: Die Sicherheit auf der Leiter

Gläubige Menschen haben ihren Schutzengel, aber gleichgültig, ob Sie Atheist sind oder an Gott, Allah, Krishna, Oluwulubu, das fliegende Spaghettimonster oder wie sie alle heißen glauben – über all Ihr Handeln hält schützend die EU-Kommission ihre Hand. Oder hätten Sie gedacht, dass sich irgendwer in Brüssel Sorgen macht, Sie könnten von der Leiter fallen oder sonst wie mit dem Steiggestell verunglücken? Das beginnt schon, bevor Sie einen Fuß auf die Leiter gesetzt haben, sagt doch die Richtlinie 2009/104/EG eindeutig:

4.2.1. *Leitern sind so aufzustellen, dass sie während der Benutzung standsicher sind.*

Mensch, da wären wir doch ohne die EU nie draufgekommen!

Doch die Sorge geht weiter:

Die Leiterfüße von tragbaren Leitern müssen so auf einem stabilen, festen, angemessen dimensionierten und unbeweglichen Untergrund ruhen, dass die Stufen in horizontaler Stellung bleiben. Hängeleitern müssen sicher und – mit Ausnahme von Strickleitern – so angebracht werden, dass sie nicht verrutschen oder in eine Schwingbewegung geraten können.

Nun stehen Sie drauf auf der Leiter, und was jetzt? Die EU weiß Rat:

4.2.2. Das Verrutschen der Leiterfüße von tragbaren Leitern muss während der Benutzung dieser Leitern entweder durch Fixierung des oberen oder unteren Teils der Holme, durch eine Gleitschutzvorrichtung oder durch eine andere gleichwertige Lösung verhindert werden. Für den Zugang benutzte Leitern müssen so beschaffen sein, dass sie weit genug über die Ebene, die mit den Leitern erreicht werden soll, hinausragen, sofern nicht andere Vorrichtungen ein sicheres Festhalten erlauben. Aus mehreren Teilen bestehende Steckleitern oder Schiebeleitern sind so zu verwenden, dass die Leiterteile unbeweglich miteinander verbunden bleiben. Fahrbare Leitern sind vor ihrer Benutzung sicher zu arretieren.

Die Folgen in der Praxis

Sie erinnern sich noch an die Tage, in denen es eine beliebte Todesursache war, von der ungesicherten Leiter zu stürzen? Wer dereinst durch eine deutsche Großstadt ging, wandelte in einer Landschaft wie aus einem Bild von Hieronymus Bosch: Überall ragten schwankende Leitern in den apokalyptischen Himmel, von denen ständig irgendwelche Handwerker oder Feuerwehrleute stürzten, die noch keine EU-Verordnung schützte. Überall Schreie, berstende Knochen, splitterndes Holz, weil niemand wusste, wie man eine Leiter aufzustellen bzw. zu benutzen hatte – damit hat es nun aber ein Ende. Tausendfachen Dank dir, EU-Kommission!

Kantine zu: Danke, EU!

»Never touch a running system«, heißt es im IT-Gewerbe, denn was funktioniert, sollte man nicht durch Eingriffe gefährden. Ähnliche Gesetze gelten auch für den öffentlichen Raum und besonders für die gemeinnützige Gastronomie: Da gab es in der mittelfränkischen Gemeinde Adelsdorf etwa eine gemeindeeigene Küche, die versorgte Schüler und Kindergarten-Kinder mit großartigem Essen aus hochwertigen Lebensmitteln aus dem Umkreis, preisgünstig (zwischen 1,50 Euro und 2,70 Euro) und gesund. Fünf Frauen kochten, und viele Kinder aßen, bis zu 26 000 Mahlzeiten im Jahr wurden zubereitet – bis zum September 2008. Da kam eine neue EU-Richtlinie über die Zulassungspflicht von Großküchen heraus, die zum 1. Januar 2010 zwingend in Kraft trat. Von diesem Datum an galt die Mensa in Adelsdorf eben als Großküche, für welche die EU-Hygieneverordnungen EG 852/2004 und 853/2004 mit schier unerfüllbaren Auflagen Gültigkeit haben.

Schluss mit dem günstigen Mittagstisch, fünf Mitarbeiterinnen verloren ihre Arbeitsstelle.

Warum?

Gekocht wurde in der Küche der Aischgrundhalle, die von einem Tag auf den anderen als Großküche galt. Und für eine solche verlangte die europäische Bürokratie zwei weitere Betriebsräume, weil mehr als ein Drittel der frisch zubereiteten Mahlzeiten an »betriebsfremde Einrichtungen« – besagte Schulen und Kindergärten – geliefert wurden. Weiter wurden ein besonderer Personaleingang und eine neue Belüftungsanlage verlangt – schon das gewaltige Anstrengungen für eine Gemeinde mit knapper Kasse. Ein eigens geschulter Mitarbeiter sollte zudem die persönliche Haftung für die Qualität der gelieferten Nahrungsmittel übernehmen.

Die Folgen in der Praxis

Das alles hätte sich unter Umständen noch regeln lassen, aber die letzte Forderung der EU war nicht zu erfüllen: Kein »Fremder« sollte mehr die Küche in der Aischgrundhalle betreten. Das hätte bedeutet, dass sämtliche Vereine, Organisationen und Privatleute die Gemeindehalle nicht mehr hätten nutzen können, weder für Faschingssitzungen, Feiern oder andere Veranstaltungen – ein Unding, sagte nicht nur der Bürgermeister.

Jetzt essen die Kinder eben wieder zu Hause oder werden von einer Catering-Firma versorgt. Fünf Frauen wurden arbeitslos.

Und was wäre geschehen, wenn es keine EU-Richtlinie gegeben hätte, welche die Mensa zur Großküche machte? Nichts. Danke, EU!

Perspektiven für Big Boss EU

- Die Sorge um die Sonnenbestrahlung des Oberköpers bei Bauarbeitern und Kellnerinnen sollte zu erneuter Aktivität in Brüssel führen. In der jetzigen Form der Richtlinie wurden wichtige Lösungsmöglichkeiten übersehen, zum Beispiel der Betrieb von Biergärten ausschließlich in den dunklen Nachtstunden (dann mit Riesendekolleté) und die Ausweitung des Schlechtwettergeldes auf dem Bau von den Wintermonaten auch auf den Sommer. Gebaut würde dann nur noch im Frühjahr oder Herbst, wenn das Wetter es zuließe. Die dadurch gewonnene Freizeit könnten die Bauarbeiter konjunkturfördernd zum Besuch der nächtlichen Biergärten nutzen, die dann ja ohnehin nicht mehr an die Jahreszeit Sommer gebunden wären. Sonne wird in ihrer Bedeutung für die Outdoor-Gastronomie deutlich überschätzt.
- Das Vibrations-Verhinderungsprogramm für den Mann am Presslufthammer weist auf viele andere Belastungen im Berufsleben hin. Mit ähnlichem Aufwand sollten die Hitze in der Bäckerei, das Kindergeschrei in Schule und Kindergarten sowie der Kontakt von Elektrikern mit elektrischem Strom reguliert werden.
- Auch die in Großbritannien von der Presse angesprochene persönliche Rückgabepflicht für Vibratoren sollte noch einmal mit Blick auf ihre Bedeutung für Europa diskutiert werden. Ein zusätzlicher Vibratoren-TÜV alle zwei Jahre

könnte mögliche Unfälle mit diesen Geräten verhindern helfen.

- Desgleichen werden einige EU-Abgeordnete die Einführung des Schutzhelmes für Seiltänzer nicht ruhen lassen, und auch eine Maulkorbpflicht für Raubtiere im Zirkus stellt ein schönes neues Tätigkeitsfeld für Brüssel dar.
- Dass der Hund des englischen Gastwirts den Knochen nicht mehr fressen darf, wäre immerhin ein Anfang; erst wenn der Verzehr des zugehörigen Fleisches durch den Gast ebenfalls von der EU untersagt würde, wäre jedoch für ausreichende Gefahrenabwehr in der britischen Gastronomie gesorgt, meint mancher Festlandseuropäer …

EU goes online

Da hatten naturbelassene Zeitgenossen gedacht, es beim Internet mit dem letzten ganz großen Freiraum zu tun zu haben. Nun aber ist auch dem Hinterwäldler klar: Nicht nur die NSA schaut uns allen bei unseren alltäglichen Verrichtungen und selbst dem hinterletzten Perversen bei seinen abartigen Tätigkeiten im Netz zu. Auch die EU will mitmischen. Und das, obwohl die meisten EU-Abgeordneten ähnlich wie unsere Kanzlerin nur ziemlich diffuse Vorstellungen von diesem neumodischen Internet besitzen dürften.

No pussies please: Die Veröffentlichung von Tierbildern im Internet

Nein, nicht was Sie jetzt denken. EU-Beamte legten 2011 neue Richtlinien für die Veröffentlichung von Tierbildern im Internet fest. Null Muschi im Netz! Schluss mit spaßigen Katzenbildern! Die EU-Richtlinie soll die Würde von Tieren im Internet schützen. Lustige und niedliche Fotos und Filme von Hunden, Katzen, Vögeln, Aquarienfischen und anderen Tieren dürfen nicht mehr online gestellt werden. YouTube und Facebook haben seither bereits Millionen von Bildern entfernt, wie die Rhein-Zeitung am 1. April 2011 berichtete. Ein sehr passendes Datum für eine solche Nachricht – Sie wissen Bescheid?

Die Folgen in der Praxis

Falls irgendjemand bisher vergessen hatte, das Bild seiner heiß geliebten Hauskatze ins Netz zu stellen – diese Nachricht hat alle daran erinnert, es mal auszuprobieren. Tausende von armen Miezekatzen wurden stundenlanger Observation mit der Digitalkamera ausgesetzt oder gleich vor die Objektive gezerrt, verkleidet und/oder attraktiv drapiert, zur Interaktion mit weiteren, ihnen nicht sehr sympathischen Haustieren anderer Arten gezwungen oder weiteren Situationen ausgesetzt, denen die bemitleidenswerten Samtpfoten schon von Natur aus nicht gewachsen sein können. Dazu zählen zum Beispiel Styling-Orgien (»Pimp your pet!«), Rundreisen im Wäschetrockner und Porträtsitzungen auf dem Scanner. Vielleicht wäre so ein Verbot doch erwägenswert ...

Spionage verboten: Die EU-Cookie-Richtlinie

Sie erinnern sich noch an das Krümelmonster aus der Sesamstraße, das unter anhaltendem Kalorienmangel litt und deshalb immer »Cookies, Cookies!« schrie? Dann sind sie vermutlich zu alt, um die Art Cookies zu kennen, um die es hier geht. Dabei handelt es sich nämlich um die winzig kleinen, aber durchaus fiesen Spionageprogramme, die man sich standardmäßig einfängt, wenn man Internetseiten besucht. Datenschützer halten sie für gefährlich, weil sie nahezu ausschließlich der Datensammlung dienen, die User und ihre Gewohnheiten ausspionieren und Anonymität im Netz unmöglich machen.

Ein Cookie funktioniert ungefähr so: Sie besuchen eine Internetseite, sagen wir www.beates.muse.de, vergnügen sich dort und werden mit einem Cookie belohnt, das auf Ihrem Rechner gespeichert wird. Irgendwann haben Sie genug und verlassen die Seite. Am nächsten Tag besuchen Sie www.cdu.de, um mit Angelina Merkel zu flirten, und vielleicht noch www.manufactum.de, um sich einen neuen handgeschnitzten Schuhlöffel aus naturbelassenem Schwarzbirkenstirnholz zu kaufen. Kurz darauf verspüren Sie wieder den Drang, www.beates.muse.de zu besuchen, und kaum haben Sie den Link angeklickt, liefert das Cookie schon seine Datenfracht bei Beate ab – es hat nämlich die ganze Zeit mitgeschrieben und Ihr sogenanntes »Surfverhalten« für seine Auftraggeber dokumentiert.

Ich kenne übrigens kaum ein blöderes Wort für die Suche im Internet als *surfen* – keine Spur Wasser, schon gar keine Welle, noch weniger ein Meer, nicht einmal ein Brett in Sicht, wenn Sie keines vor dem Kopf haben, und dann sollen Sie ein Surfer sein? Einfach nur doof. Entsprechend treibt das Wort Surfverhalten den Unsinn auf die Spitze.

Und was stellt man jetzt mit den Daten, die Ihr Cookie gesammelt hat, bei www.beates.muse.de an? Das Ding liefert seine Datenfracht ab, und die Mitarbeiter von Beates Muse werten sie aus. Die wissen jetzt ganz genau, was sie so im Internet treiben. Mit Cookies Hilfe werden Sie zum transparenten Kunden und erhalten künftig quasi automatisch die geilsten Angebote: Abgeordneten-Porträts von der CDU, den neuen Manufaktum-Katalog voller *must-haves* für reiche Gegner des Massenkonsums und echte Gutmenschen mit Traditionsbewusstsein und ähnlich bedeutsamen, inhaltlich angrenzenden Werbemüll.

Und das, so beschloss die EU-Bürokratie, solle künftig anders werden! Die Cookie-Richtlinie (2009/136/EG) soll EU-Bürger schützen – aber zunächst einmal schockt sie diese, nämlich mit ihrem Namen:

RICHTLINIE 2009/136/EG DES EUROPÄISCHEN PARLAMENTS UND DES RATES vom 25. November 2009 zur Änderung der Richtlinie 2002/22/EG über den Universaldienst und Nutzerrechte bei elektronischen Kommunikationsnetzen und -diensten, der Richtlinie 2002/58/EG über die Verarbeitung personenbezogener Daten und den Schutz der Privatsphäre in der elektronischen Kommunikation und der Verordnung (EG) Nr. 2006/2004 über die Zusammenarbeit im Verbraucherschutz.

Kurzatmige EU-Bürger schaffen es nicht einmal, diesen Titel in einem Atemzug vorzulesen. Aber Sie schaffen das – und haben damit die erste Hürde hinter sich und sicher eine unbändige Lust, jetzt weiterzulesen … Nicht?

Also gut, hier einmal kurz und knapp zusammengefasst, was in der Richtlinie drinsteht: Wenn Cookies nicht dem alleinigen Zweck der Übertragung von Nachrichten über ein elektronisches Kommunikationsnetz oder der von einem Nutzer ausdrücklich gewünschten Dienste-Erbringung dienen, so dürfen sie nur auf dem Computer platziert werden, wenn der Benutzer zustimmt. Damit er das kann, muss er umfassend über die Cookies und die Verwendung der damit abgefischten Daten informiert werden. Verboten ist es aber, das Surfverhalten (würg!) des Nutzers auszuspähen. Gemacht wird es trotzdem. Sie erinnern sich an die Sache mit der Marmelade und der Konfitüre?

Die Folgen in der Praxis

Sinnvoll? Nicht sinnvoll? Ja, Google hat jetzt so eine Sonderinformation Cookies oben auf der Seite, und Sie müssen nervigerweise immer auf »O. K.« klicken, damit das Ding verschwindet. Aber die anderen? Bringen Sie einmal allen Mitgliedern eines Ameisenhaufens bei, in Reih und Glied zu gehen. Massenhaft Cookies aus aller Welt landen auf Ihrem Rechner. Was kratzen die Betreiber von megasearch.me oder bigbutt.to europäische Bestimmungen? Und die NSA liest ohnehin mit. Fazit: Kekse gehören in die Dose, nicht auf den Rechner.

Dicke Kohle: Die E-Mail-Steuer

Auch ein einzelner Abgeordneter in Europa kann etwas bewegen. Der Franzose Alain Lamassoure brachte seinen Namen 2006 im Zusammenhang mit der abstrusen Idee einer »Kommunikationssteuer« auf E-Mail und SMS ins Gespräch.

Hierzu wäre vielleicht anzumerken, dass es überhaupt eine abstruse Idee ist, irgendetwas außer dem Einkommen mit Steuern zu belegen, und dennoch wurden aus ähnlich abwegigen Einfällen Einzelner tatsächlich von Staaten erhobene Abgaben, zum Beispiel die Bartsteuer, die Jungfernsteuer, die Champagnersteuer, die Kerzenwachssteuer (aus der dann die Leuchtmittelsteuer entstanden ist), die Perückensteuer, die Spatzensteuer und die Spielkartensteuer. Aber das nur nebenbei.

Mithilfe besagter E-Mail-Steuer sollte sich die EU finanzieren. Jede einzelne E-Mail sollte 0,00001 Cent kosten. Auch eine Steuer auf SMS (1,5 Cent das Stück) hätte nach Lamassoures

Vorstellungen Geld in die EU-Kassen bringen können (nein, nicht »spülen«, diese Formulierung überlasse ich Provinzjournalisten, die aus dem Klempnerhandwerk kommen).

Dazu kam es aber gottlob nicht. Klappe zu, Affe tot.

Die Folgen in der Praxis

Die Kontrollbehörde der EU hätte vermutlich Kosten in Höhe von 2,3 Cent pro E-Mail und fünf Cent pro SMS verursacht, weil man geschätzte 12 000 Beamte gebraucht hätte, um den E-Mail- und SMS-Verkehr ganz Europas zu überwachen und diese Steuer einzuziehen. Wer weiß, vielleicht hätte man auf geschäftliche E-Mails 19 % Mehrwertsteuer erhoben, während private mit einer Steuerquote von 7 % hätten belegt werden müssen. Denkbar wären auch Lösungen, die den Steuer-Hebesatz an der Anzahl der verwendeten Wörter orientieren; das Weglassen von Wortzwischenräumen (Halloichbinswiegehteseuch?) müsste in diesem Fall als Steuerhinterziehung bestraft werden. Alternativ könnte man auch das Datenvolumen von E-Mails ins Auge fassen – je dicker, desto fetter die Besteuerung – oder zur Netzentlastung eine Steuervergünstigung für nach 23 Uhr abgeschickte Nachrichten in Erwägung ziehen. Tausende von Steuerberatern könnten sich den dritten Porsche anschaffen, Hunderttausenden von Beamten in allen EU-Nationen wären fette Einkünfte und Pensionen über Jahrzehnte sicher. Möge der Mantel des Vergessens dieses Vorhaben auf ewig zudecken. Oder vielleicht macht die NSA den Job, so nebenbei?

Perspektiven für das Web 3.0 mit der EU

- Die E-Mail-Steuer als Bürokraten-Beschäftigungsprogramm weist in die richtige Richtung; eine Download-Abgabe zu Gunsten der Europäischen Union würde die Kassen erst richtig füllen. Hierbei ist an eine Differenzierung zu denken: EU-Richtlinien-Dokumente dürften kostenlos heruntergeladen werden, kulturell wertvolle Inhalte wie etwa Konzertvideos von Helene Fischer schlagen mit etwa 0,001 Euro pro Megabyte zu Buche, während Pornokonsumenten mit mindestens 0,01 Euro pro Megabyte zur Kasse gebeten werden – schließlich sollen etwa 30 % des kompletten Traf-fic(k)s im Netz durch derartige Interessen verursacht werden.
- Die Cookie-Paranoia sollte Brüssel noch deutlich verstärken. Ein solches Engagement seitens der Bürokratie sieht so schön nach institutionalisiertem Datenschutz aus und lenkt von den tatsächlichen Datenlecks durch die Geheimdienste ab.

Unterwegs mit der EU

Es wird nicht einfacher, sich im öffentlichen Raum mit einem Fahrzeug zu bewegen. Nicht nur, dass Sie als Führerschein-Neuling die theoretische Führerscheinprüfung mit ihren gefühlten 500 000 Fragen und 2,5 Millionen Antworten schaffen müssen – jetzt sollen Sie sich auch noch mit EU-Bestimmungen auseinandersetzen. Das Übel beginnt letztlich schon mit den nötigen Papieren, die bald in ganz Europa keine Papiere mehr sind ...

Schluss mit rosa Lappen: Form und Farbe des Führerscheins

Die Form und Farbe des neuen Führerscheins verdanken wir der EU. Sie wollte das Scheckkarten-Modell: Alle nach dem 19. 1. 2013 ausgestellten Führerscheine sehen jetzt so ähnlich aus wie der neue Personalausweis. Damit verbunden ist unter anderem auch eine Umstellung der Fahrzeugklassen, die mit einem bestimmten Führerschein bewegt werden dürfen. Schluss ist zum Beispiel mit den bis zu 7,5 Tonnen schweren Lkws mit bis zu drei Achsen. Jetzt müssen Sie beim nächsten Umzug mit einem Transporter von maximal 3,5 Tonnen Gesamtgewicht auskommen.

Wenig erfreulich für durchschnittliche Autofahrer ist die Einführung einer maximal 45 km/h schnellen Fahrzeugklasse auch für Fahranfänger, die zu den amtlich geförderten, beweglichen Unfallschwerpunkten gehört. Normal schnellen Wagenlenkern dürften diese gedrosselten Verkehrshindernisse ganz schön stinken, vielleicht bietet sich deshalb für sie in Anklang an die Käsesorte *Harzer Roller* der Spitzname *Brüsseler Roller* an.

Die Folgen in der Praxis

Die neue Regelung hat einen Vorteil für Anfänger: Die haben jetzt mehr Platz im Portemonnaie, weil der neue Führerschein deutlich kleiner ausfällt. Und das ist zugleich der entscheidende Nachteil: Der neue Führerschein verschwindet auf Nimmerwiedersehen zwischen all den tausenden Plastikkarten vom Fitnessclub über die Krankenkasse und den Organspendeausweis bis hin zum Brillenpass, die man mittlerweile mit sich herumträgt.

Für Führerscheinbesitzer älterer Jahrgänge ändert sich erst einmal gar nichts, denn die EU-Bürokraten haben sich eine besonders lustige Regelung zur Umtauschpflicht ausgedacht: Wer noch den alten rosa Lappen hat, muss ihn zwingend umtauschen – schon mal notieren – bis zum 19. 1. 2033. So mancher wird ihn mit ins Grab nehmen …

Flop: Der Sechzigtonner

Ende 2011 hieß es: Die Monstertrucks kommen – über 25 m lang und maximal 60 t schwer. Siim Kallas, EU-Verkehrskommissar aus Estland, wollte es so. Aber die EU beschloss keine allgemeine Freigabe der Megaliner, sondern wollte ihren Einsatz zunächst für fünf Jahre wissenschaftlich testen. 2016 weiß man also mehr.

Die Gigaliner sollen – optimistisch betrachtet – bis zu 30 % Treibstoff einsparen und so Transporte günstiger machen. Kritiker befürchten vermehrte Straßenschäden, mehr Unfälle beim Überholen durch die größere Länge, dazu erhöhte Unfallschäden an Personen und eine weitere Tendenz, immer mehr Waren vom Wasser oder der Schiene auf die Straße zu verlagern. Schon jetzt rollen 72 % der Wirtschaftsgüter über die Autobahn.

Auch in Deutschland sind die Riesen-Lkws auf ausgesuchten Strecken unterwegs. Manche Bundesländer allerdings nehmen nicht am Test teil. Nordrhein-Westfalen zum Beispiel lehnte dankend ab und nannte als Grund für die Absage ein zu stark befahrenes Autobahnnetz.

Andere EU-Nationen sehen das lockerer. So sind die Riesen-Lkws in den Niederlanden bereits im Einsatz. Sie dürfen aber nicht über die Grenze, denn das würde ihre Einführung in vielen Staaten Europas bedeuten. So haben es die EU-Verkehrsminister Mitte 2014 festgelegt.

Die Folgen in der Praxis

Nun testen sie also ihre rollenden Monster jeder für sich in seinem Land, dort allerdings auch auf Straßen, auf denen sie eigentlich nicht rollen sollen. Das Bundesverfassungsgericht entschied gegen Klagen der rot-grünen Länderregierungen aus Baden-Württemberg und Schleswig-Holstein: Die Autobahnen dürfen von Gigalinern auch ohne Zustimmung der betroffenen Länder probeweise befahren werden.

Gebraucht werden die Superlaster wie ein drittes Bein. Schon jetzt fahren europaweit 20 % aller Lkws leer, im Inlandsverkehr sind es sogar 25 %. Ein großer Teil der Leerfahrten geht übrigens nach Angaben der EU-Kommission auf Auflagen für Speditionen zurück, die Aufträge im Nachbarland abwickeln wollen. Änderungen sind offenbar nicht geplant.

Messer ja, Shampoo nein: Was ins Flugzeug darf und was nicht

Auch die EU macht mal Urlaub. Wie viel Urlaub hat der durchschnittliche Mensch? So um die dreißig Tage sollten es etwa sein. Anders der EU-Bürokrat: Da wäre mal der normale Urlaub, dann kommen noch die EU-»Betriebsfeiertage« zwischen Weihnachten und Neujahr hinzu, die freien Brückentage, Reisetage und der Familiensonderurlaub – so erreicht man locker bis zu 85 Tage Urlaub im Jahr. Ziemlich lockere Dienstauffassung, oder?

Und was tun der EU-Bürokrat und die EU-Bürokratin im Urlaub? Sie fliegen irgendwohin. Dafür, dass sie dies bequem und sicher tun können, haben sie zuvor perfekt gesorgt. Der kluge Bürokrat baut eben vor!

Falls Sie also Terrorist sein sollten, werden die folgenden Zeilen zum Thema Sicherheit im Luftverkehr für Sie ausgesprochen wertvolle Informationen enthalten. Soweit bekannt wurde, gibt es eine EU-Verbotsliste aus dem Jahre 2003, die festlegt, welche Gegenstände nicht mit an Bord eines Flugzeugs genommen werden dürfen.

- Ihre beiden Lieblingswaffen, das in der ganzen zivilisierten Welt gefürchtete Deospray und die mörderische

Zahnpasta, können Sie demnach vergessen, lieber Terrorist! Beides bleibt draußen.

- Auch der Einsatz flüssiger Explosionsstoffe bietet sich nicht mehr an, nachdem britische Polizisten 2006 einen Anschlag mit Flüssigsprengstoff auf den Londoner Flughafen Heathrow vereiteln konnten. Die Verordnung EG 1546/2006 senkte nämlich die Flüssigkeitsmengen erheblich, die Passagiere mit an Bord nehmen dürfen. Zugelassen sind Flüssigkeiten in Behältern bis 100 ml, die in einem durchsichtigen und wiederverschließbaren Plastikbeutel von maximal einem Liter Fassungsvermögen transportiert werden. Das reicht nicht mehr für den ganz großen Knall. Und ohne Knall – wo bleibt denn dann der revolutionäre Spaß?
- Im Reisegepäck dürfen Flüssigkeiten übrigens auch weiterhin in unbegrenzter Menge aufgegeben werden ...

Hier deshalb unsere Tipps für die neue Bewaffnung von Freiheits- und sonstigen Kämpfern:

- Sie sollten ein Taschenmesser als Waffe wählen, dessen Klinge durchaus bis zu sechs Zentimeter lang sein kann, denn Taschenmesser mit einer solchen Klinge sind ohne jede Einschränkung erlaubt.

Taschenmesser, finden Sie, sind bei weitem nicht martialisch genug und somit eine unangemessene Bewaffnung für einen Gotteskrieger oder Helden der Revolution? Gut, Sie haben ja recht, eine handfeste Explosion macht einfach mehr her. Aber so wird es doch auch gehen, oder? Ein Bewusstseinswandel ist gefragt, neues Denken, Schweizer Messer statt Machete ...

- Nehmen Sie aber keinesfalls einen Korkenzieher mit, wenn sie nicht plötzlich unbewaffnet dastehen wollen, denn der wurde einzelnen Fluggästen schon abgenommen. Vermutlich haben sich die EU-Sicherheitsexperten vorgestellt, auf welch bestialische Weise man einen Menschen mit einem Korkenzieher umbringen müsste, und vermutlich fanden sie das einfach zu umständlich.
- Auch Tennisschläger wurden schon konfisziert. Falls Sie Tennisprofi sein sollten, wäre es für sie sinnvoll, das Verkehrsmittel Flugzeug zu meiden, denn sonst müssen Sie sich in Wimbledon oder Melbourne erst einmal eine neue Ausrüstung besorgen. Warum die Rackets beschlagnahmt wurden? Das wissen nur die Experten. Vermutlich wurden schon viel zu viele Angriffe auf Piloten mit Tennisschlägern geführt. Oder die EU-Sicherheitsexperten sind Tennishasser, was menschlich durchaus zu verstehen wäre. Immer dieses Plock ... Plock, Plock ... Plock, Plock ... Plock ...

Die Folgen in der Praxis

Die bürokratischen Regelungen für den Luftverkehr nehmen unterdessen ein kaum noch überschaubares Ausmaß an und erfordern einen Zeitaufwand, der zumindest für den Nahbereich die Nutzung des Fahrrades anstelle eines Passagierflugzeugs sinnvoll erscheinen lässt. Planen Sie ausreichend Zeit für Sicherheitskontrollen ein – für innereuropäische und innerdeutsche Flüge neunzig Minuten, bei internationalen Flügen gibt es Wartezeiten bis zu drei Stunden, denn beim Check-in sehen sich Passagiere und Sicherheitspersonal immer stärker komplexen Fragen ausgesetzt, die so einfach nicht zu beantworten sind:

- Was zählt zum Beispiel zu den Flüssigkeiten? Muss Passagier X seine 100 ml Hühnersuppe vernichten, oder darf Passagierin Y auch ihre 125 ml Haargel mitnehmen?
- Welche Pasten, Lotionen, Mischungen von Flüssigkeiten und Feststoffen, Getränke oder Suppen sind erlaubt?
- Zählt Kunsthonig noch zu den Flüssigkeiten oder schon zu den Feststoffen?
- Wo ordnet man Parfum, Rasierschaum, diverse Aerosole und Sprays ein?
- Sind flüssige Wimperntusche und Lipgloss flüssigkeitstechnisch mit Joghurt und Frischkäse gleichzusetzen?
- Und woher bekommt man die wiederverschließbaren transparenten Tüten, in die der ganze Müll gesteckt werden muss? Sind auch Gefrierbeutel erlaubt? Muss der Beutel einen Zippverschluss, Klettverschluss, Quetsch- oder Kordelzugverschluss haben, oder darf man ihn auch mit Tesafilm verschließen?
- Darf man unzulässige Flüssigkeitsmengen oder Behälter als Postpaket an die eigene Adresse verschicken? Usw. usf.

Bis das alles geklärt ist, wäre der Fahrradfahrer schon angekommen!

Treppauf, treppab: Keine Kinderwagen auf Rolltreppen!

Fahrtreppen sind bestimmungsgemäß als Personentransportmittel mit hoher Förderleistung konzipiert – mit diesen Worten formuliert es der Experte. Für Kinderwagen, so fährt er im Bewusstsein der eigenen Sachkenntnis fort, sind sie nicht geeignet. So legt es die seit dem 29. Dezember 2009 gültige Richtlinie 2006/42/EG des Europäischen Parlaments und des Rates (Maschinenrichtlinie) fest, in deutsches Recht umgesetzt durch die Maschinenverordnung (9. GPSGV). Sie bestimmt, dass folgende Gebots- und Verbotsanweisungen für den Benutzer kenntlich in der Nähe der Zugänge zu einer Fahrtreppe angebracht sein müssen:

a) Kleinkinder festhalten
b) Hunde müssen getragen werden
c) Handlauf benutzen
d) Kinderwagen verboten

Aber keine Angst, lieber EU-Bürger, wer trotzdem mit dem Kinderwagen Rolltreppe fährt, kommt nicht in den Knast. Er macht sich auch nicht strafbar, handelt allerdings auf eigenes Risiko und befreit so den Betreiber der Rolltreppe von allen Haftungspflichten. Ein Schild »Transport von Kinderwagen über die Rolltreppe auf eigene Gefahr!«, seitlich an der Rolltreppe angebracht, hätte das sympathisch wirkende Verbot möglicherweise überflüssig gemacht. So geht man doch nicht mit jungen Eltern um!

Die Folgen in der Praxis

Wieder ein Bereich des alltäglichen Lebens, den eine EU-Richtlinie zu regeln versucht. Welche anderen Möglichkeiten, als mit dem Kinderwagen Rolltreppe zu fahren, haben denn der junge und unerfahrene Vater oder die gestresste Mutter, wenn sie mit Kind und Kegel etwas im Kaufhaus besorgen müssen? Glauben die EU-Verordnungstöffel allen Ernstes, jemand würde ihren Anweisungen folgen und sogar noch die Schilder an der Rolltreppe lesen? Und wenn dies tatsächlich geschähe, kommt es unter Umständen noch schlimmer: Da kann es schon mal sein, dass das geplagte Gehirn der EU-Bürgerin oder des EU-Bürgers in Verwirrungszustände gerät, zumal wahrscheinlich die Zeit drängt, irgendwer auf irgendwas wartet und der Nachwuchs im Kinderwagen auch noch quengelt, drängelt, nervt und die Windeln vollgemacht hat – so was von voll, dass es schon zum Himmel stinkt. Also Vorsicht, liebe Erziehungsberechtigte, nicht durcheinanderkommen:

a) Kleinkinder müssen getragen werden
b) Hunde bitte Handlauf benutzen
c) Kinderwagen festhalten und
d) irgendetwas war doch auch noch verboten ...

Schildbürger: Das deutsche Flachland und seine Seilbahnen ...

Seilbahnen können recht gewagte technische Konstruktionen sein, und es macht schon Sinn, wenn eine Behörde oder eine kompetente Überwachungsinstanz jede Anlage in Bezug auf Sicherheit prüft, wenn es nicht gerade die Gesundbeter vom ADAC sind. Andererseits sollte auch dem Betreiber einer Seilbahn natürlich daran gelegen sein, die Fahrgäste ohne Schockerlebnis zu transportieren und am besten heil und unversehrt an der Berg- oder Talstation (je nach Fahrtrichtung) ankommen zu lassen.

Besorgt um die Sicherheit aller EU-Bürger ließ sich die EU-Kommission deshalb nicht davon abhalten, selbst einzugreifen und alles noch perfekter zu machen, als es ohnehin schon war.

Die Richtlinie 2000/9/EG des Europäischen Parlaments und des Rates vom 20. März 2000 über Seilbahnen für den Personenverkehr, hier kurz Seilbahnrichtlinie der EU genannt, legt fest: Alle Bundesländer sind verpflichtet, ein Seilbahngesetz zu erlassen. So heißt es dort unter Kapitel VIII CE-Konformitätskennzeichnung, Artikel 21 (eins):

Die Mitgliedsstaaten erlassen und veröffentlichen die erforderlichen Rechts- und Verwaltungsvorschriften, um dieser Richtlinie spätestens bis zum 3. Mai 2002 nachzukommen. Sie setzen die Kommission unverzüglich davon in Kenntnis.

Also gut, denkt sich der nationale Bürokrat, stricken wir mal ein Seilbahngesetz, das künftig innerhalb unserer Grenzen gilt. Die Kernaussage eines solchen Gesetzeswerkes lautet vermutlich: Seilbahnen beginnen unten am Berg und enden oben. Oder umgekehrt. Im Falle Deutschlands sind die einzelnen Bundesländer zuständig. Also los, Schleswig-Holstein und Bayern, Niedersachsen und Hessen, Baden-Württemberg und Nordrhein-Westfalen – ein Seilbahngesetz muss her!

Kein Problem, der deutsche Beamte ist in solchen Dingen firm. Schon erledigt, gesagt, getan, jetzt haben alle Bundesländer ein Seilbahngesetz.

Der wunde Punkt dabei: Manches Bundesland erwies sich nicht nur als loyaler Teil der Bundesrepublik Deutschland, sondern folgte auch den Anforderungen der EU in puncto Sessellift und Kabinenbahn bis ins letzte Detail. Schleswig-Holstein zum Beispiel hat jetzt zwar ein Seilbahngesetz, besitzt jedoch – so ein Ärger aber auch! – keine einzige Seilbahn. Ähnliches gilt für Mecklenburg-Vorpommern und Berlin. Wozu ist aber ein Seilbahngesetz gut, wenn's keine Seilbahnen – ja, nicht einmal Berge – gibt ...? Vielleicht kann ein Blick in das Gesetzeswerk die verborgene Absicht hinter der bürokratischen Aktivität verstehen helfen.

Auszüge aus der Seilbahnrichtlinie 2000/9/EG des Europäischen Parlaments und des Rates vom 20. März 2000:

Seilbahnen für den Personenverkehr (nachstehend »Seilbahnen«genannt) werden geplant, gebaut, in Betrieb genommen und betrieben, um Personen zu befördern.

Wer hätte das gedacht?

Im Sinne dieser Richtlinie sind Seilbahnen für den Personenverkehr Anlagen aus mehreren Bauteilen, die geplant, gebaut, montiert und in Betrieb genommen werden, um Personen zu befördern.

Hatten wir das nicht schon?

Und hier noch etwas zur Sicherheit:

4.1.1. In Bezug auf die Seile sind alle Vorkehrungen entsprechend dem Stand der Technik zu treffen, um
- *einen Bruch der Seile und ihrer Befestigung bzw. Verbindungen zu vermeiden;*
- *den Rahmen der Grenzwertbelastungswerte einzuhalten;*
- *ihre Sicherheit auf den Auflagen zu gewährleisten und ein Entgleisen zu verhindern.*

Was für ein ungeheurer Fortschritt! Bisher bauten alle Betreiber von Seilbahnen ständig Geräte, deren Gondeln entgleisten und deren Seile rissen; und alle fragten sich: Warum kommen bei diesen Seilbahnen bloß so viele Menschen ums Leben? Ganz einfach: Eine Seilbahn braucht Seile, die nicht reißen! Und entgleisen dürfen die Gondeln auch nicht! Danke, EU-Bürokratie!

Die Folgen in der Praxis

Auch Mecklenburg-Vorpommern zum Beispiel blieb, wie gesagt, nichts anderes übrig, als ein Seilbahngesetz zu erlassen, denn sonst wäre das Bundesland von einer durch die EU verhängten Strafe in Höhe von 791 000 Euro bedroht gewesen. Das immerhin fünfunddreißig Seiten starke Gesetzeswerk hat viele Bürokraten dieses Bundeslandes beschäftigt, deren Ergüsse sich nun in den zweiunddreißig Paragraphen des »LSeilbG« kondensieren – wohlgemerkt, immer noch ohne Seilbahn im Lande. Das glauben Sie nicht? Dann lesen Sie selbst:

Gesetz über Seilbahnen im Land Mecklenburg-Vorpommern
(Landesseilbahngesetz – LSeilbG M-V)
Vom 20. Juli 2004
Fundstelle: GVOBl. M-V 2004, S. 318
Gesamtausgabe
Stand: letzte berücksichtigte Änderung:
§ 15 geändert durch Artikel 5 des Gesetzes vom 20. Mai 2011
(GVOBl. M-V S. 323, 324)

Die einzige Seilbahn, die im Land Mecklenburg-Vorpommern je verkehrte, war die Gondelbahn auf der Internationalen Gartenbauausstellung 2003 – in Betrieb genommen *vor* dem Inkrafttreten des Landesseilbahngesetzes und nach der Beendigung der Ausstellung wieder abgebaut.

Die lenkende Aktivität aus Brüssel betrifft übrigens nicht nur die deutschen Bundesländer, sondern auch die Niederlande, eine Nation, die touristisch vieles zu bieten hat, allerdings keine holländischen Alpen. Auch hier musste eine Seilbahnverordnung her. Und, hurra!, es gab sogar etwas zu regeln: Auf der internationalen Gartenschau *Floriade* 2012 verkehrte tatsächlich eine Personenseilbahn! Die war allerdings nur eine Leihgabe aus Österreich und reiste nach dem Ende der Veranstaltung im Oktober 2012 wieder zurück ins Skigebiet Silvretta Montafon. So ist auch die niederländische Seilbahnverordnung wieder ohne Seilbahn gültig.

Für die besonderen Leistungen um Verkehrsmittel für den Personen- oder Gütertransport, die unter der Nutzung von Seilen betrieben werden, überreichen wir in der EU-Bürokratie den Arnold-Hau-Gedächtnispreis am Bande für den unsinnigsten Verwaltungsakt des 20. und 21. Jahrhunderts.

Perspektiven für das Vollgas-Europa

- Nachdem nun der Gigaliner vermutlich nicht über Europas Autobahnen rollen wird und wir deshalb mehr Platz auf unseren Straßen haben, wären neben dem 45-km/h-Schlappmobil weitere kreative neue Fahrzeugtypen denkbar, vielleicht die bis zu 8 Meter lange EU-Super-Limo oder das 3,5-Tonnen-Lastendreirad auf Basis einer italienischen Vespa.

- Die Seilbahnverordnung für Länder ohne Seilbahn ist ein schönes Modell für zahlreiche weitere Regelwerke – zum Beispiel für U-Boote (Österreich), Schneemobile (Griechenland), Bergbahnen (Niederlande) und Raumstationen (Litauen).
- Ein Manko auf allen internationalen Flughäfen: Die Negativliste mit den Gegenständen, die nicht mit an Bord eines Verkehrsflugzeuges genommen werden dürfen, frustriert Touristen und Terroristen gleichermaßen unnötig. Vielleicht sollte die EU eine Positivliste ausarbeiten, also alle Gegenstände benennen, die mit ins Flugzeug dürfen, damit beide Interessengruppen vorausschauend planen können.
- Last, but not least: Der gleiche Lappen für Spanier, Polen und Lappen, also der Normführerschein, sollte vielleicht mit einer eigenen Führerscheinklasse auf die Nutzung von Rolltreppen mit Kinderwagen in europäischen Kaufhäusern ausgeweitet werden.

Schwefelgelb – Gesundheit in Europa

Nichts bewegt die Menschen in unseren Breiten zu so großer Hyperaktivität wie die Sorge um eine gesunde Umwelt und die eigene Gesundheit. Wir joggen, boykottieren bestimmte Produkte, fummeln ohne Sinn und Verstand an unserem persönlichen Speiseplan herum, kaufen und nehmen kuriose Präparate zur Körperreinigung und Schadstoffausleitung zu uns, glauben Gurus, Schulmedizinern, Ernährungsexperten und anderen Wunderheilern und sind dennoch davon überzeugt, allenthalben von Tod und Gefahr umgeben zu sein, obwohl wir weitaus älter werden als die Generationen vor uns. Fels in der Brandung: die EU-Bürokratie. Die regelt die wirklich wichtigen Angelegenheiten dieses Themenkreises.

Buntes Chaos: Die Farbe von Rettungswagen

Ist es nicht furchtbar, wie unnötig bunt und ungeordnet die Welt ist? Und ist es nicht wunderbar, dass man per EU-Richtlinie oder -Verordnung ein erkennbares System in jedes Chaos bringen kann?

Die Farbe von Notdienst- und Rettungsfahrzeugen zum Beispiel – bisher das reinste Tohuwabohu! Die Polizeifahrzeuge sind blau, aber es gibt auch noch grüne. Rettungsfahrzeuge mit lautem Martinshorn rasen in Weiß, Weiß-Rot, Gelb oder Gelb-Grün über unsere grauen deutschen und europäischen Straßen und Autobahnen. Irgendwo gab es auch mal blaue, Rettungswagen, nicht Straßen.

In Deutschland ist die Grundfarbe eines Rettungsfahrzeugs überhaupt nicht festgelegt, Rettungswagen müssen nur einen roten Streifen rundherum haben. Wer soll da noch durchblicken, vor allem als Unfallopfer? Was soll das schwerverletzte Unfallopfer, Gast aus einem Land irgendwo in Europa, denken, wenn da irgend so ein buntes Auto angebraust kommt? Gut, da sind das Blaulicht und dieser besagte rote Streifen, aber vielleicht ist das gar kein Rettungswagen, denkt der Gast sich möglicherweise und stirbt lieber, als in die Hände von irgendwelchen kriminellen Organhändlern zu geraten.

Die EU, bekannt für ihre menschenfreundlichen Lösungsstrategien, schafft hier Abhilfe: RAL 1016, Schwefel- oder Eurogelb – das ist die Farbe der Rettung und die Empfehlung der Europäischen Union. Geregelt bzw. genormt ist noch nichts, was den spanischen Abgeordneten Ramon Tremosa i Balcells am 3. Mai 2010 zu einer Anfrage an die Europäische Kommission veranlasste:

Welche Maßnahmen hat die Kommission ergriffen oder gedenkt sie zu ergreifen, um die Mitgliedsstaaten aufzufordern, die europaweit einheitliche Notrufnummer 112 besser bekannt zu machen? Gedenkt die Kommission, Initiativen zu ergreifen oder einen Vorschlag der Gemeinschaft im Hinblick auf eine europäische Typengenehmigung für Rettungsdienste und -fahrzeuge vorzulegen?

Die Kommission antwortete am 23. Juni 2010 – allerdings ließ sie den Aspekt der Farbe von Rettungsfahrzeugen in ihrer Antwort vermissen.

Die Folgen in der Praxis

Nordrhein-Westfalen zum Beispiel mag da nicht mitmachen. Die Bevölkerung nimmt gelbe Fahrzeuge nicht als Rettungswagen wahr, behaupten rote und schwarze Landespolitiker, vermutlich noch grün hinter den Ohren. Nur die Bürger im Rhein-Erft-Kreis sind schon weiter, denn da sind die Rettungswagen bereits gelb. Ähnliche Farbverwirrungen sind in allen Bundesländern zu erwarten – zurzeit gibt es noch bunt durcheinander.

Man könnte grün vor Neid werden: Feuerwehrautos sind fast überall auf der Welt rot. Wie schön könnte das sein – Feuerwehr rot, Polizei blau, Rettungswagen gelb.

Nein, halt ... in Swasiland und den Vereinigten Arabischen Emiraten tragen Feuerwehrwagen eine gelbe Lackierung. Menschen sind eben von Natur aus Chaoten.

Nein, doch nicht! Bei der europäischen Polizei hat es schon geklappt mit der Einheitlichkeit. Alle Polizeiautos in EU-Europa sind silber-blau, alle Polizisten tragen blaue Uniformen.

Bleibt noch eine Sache, die die EU bisher vergessen hat: Sollen Rettungs- und Polizeiwagen nun Hui-hui-hui! oder Tatütata! oder Nanünana! oder sonst wie machen, und in welcher Sprache überhaupt? Es gibt viel zu regulieren im Segment Unfallrettung. Tun wir also lieber alles, um nicht in diese Mühlen zu geraten ...

Knüller: Fahrstuhl für den Weinkeller

Weil sie nur noch unter großen Anstrengungen über die Treppe in den Weinkeller kommen konnte – Knieprobleme – bewilligte die Brüsseler EU-Kommission der Witwe eines Beamten einen mehrere zehntausend Euro teuren Fahrstuhl in den Weinkeller. Wegen ihrer Knieprobleme sei sie in einer »wirtschaftlichen Notlage«, und das rechtfertige gemäß Artikel 76a EU-Beamtenstatut diese Beihilfe. Überhaupt bedienen sich die Eurokraten reichlich aus öffentlichen Kassen. So kann zum Beispiel eine EU-Sekretärin bis zu 8000 Euro im Monat verdienen, eine Summe, von der Mitarbeiterinnen in der freien Wirtschaft und in der nationalen Verwaltung nur träumen können. Ein weiteres Loch in die EU-Kasse rissen die Kosten für Familienheimfahrten der EU-Mitarbeiter: Sie konnten sehr großzügig abgerechnet werden, und man bekam die angegebenen Beträge erstattet, gleichgültig, ob die Reise tatsächlich angetreten wurde oder nicht. Hier greifen unterdessen neue Regelungen.

Die Folgen in der Praxis

Wirtschaftliche Notlage? Im Keller der betreffenden Dame lagern vermutlich etliche Flaschen Château Latour von 1961, das Stück um 2000 Euro. Wir haben es hier offenbar mit einer sehr seltenen und sehr seltsamen Form von Armut zu tun. Und allgemein bei der EU-Bürokratie vor allem mit einer ausgeprägten Form von geistiger Armut, wenn es um die finanzielle

Regelung des eigenen Wohlergehens geht. Der Durchschnittsbürger wird das Gefühl nicht los, dass EU-Bürokraten auf der einen Seite Sparsamkeit und Effektivität predigen, auf der anderen aber immer mit einer Hand in die öffentliche Kasse langen.

Katastrophe? Höhere Grenzwerte!

Auch Sie machen sich Sorgen um Ihre Gesundheit? Das sollten Sie auch, denn die EU meint offenbar, dass Sie Weichei bisher viel zu lasch und rücksichtsvoll behandelt worden sind. Die Herren in den dunklen Anzügen wollen doch nicht, dass der durchschnittliche EU-Bürger total verweichlicht! Was uns nicht umbringt, macht uns härter! Hart wie Kruppstahl, schnell wie die ... Lassen wir das, Sie wissen schon Bescheid.

Beispiel gefällig?

Atomkatastrophe in Fukushima: Japanische Firmen können nichts mehr verkaufen, weil alle Grenzwerte für Radioaktivität in ihren Produkten überschritten sind? Kein Problem, hoch mit den Grenzwerten! Die EU-Bürokratie setzte Zeichen durch die Eil-Verordnung Nr. 297/2011. Darin erhöhte man die Radioaktivitäts-Grenzwerte für japanische Produkte um das bis zu Zwanzigfache – eine einfache Art, radioaktiv verstrahlte Lebensmittel gesundzubeten.

Zugelassen wurden Kontaminationen, wie sie sonst nur für den Fall eines schweren Atomunfalls mitten in Europa vorgesehen waren, damit die Nahrungsmittelversorgung der Bevölkerung auch in einem so ernsten Fall weiterhin aufrechterhalten werden kann. Glücklicherweise ist der Anteil japanischer Lebensmittel am Gesamtimport in die EU nicht sehr hoch.

Dennoch ist die Willfährigkeit der Bürokraten erschreckend. Greenpeace stellte fest: Galt bis Fukushima etwa für Milch ein Grenzwert von 370 Becquerel pro Kilogramm, so wurde dieser auf 1000 Becquerel hochgesetzt. Alle übrigen Lebensmittel aus Japan, bisher nur mit einer Strahlenbelastung von 600 Becquerel pro Kilogramm zugelassen, dürfen künftig runde 1250 Becquerel in die sie verzehrenden EU-Bürger einbringen. Bei Gewürzen oder Fischöl sind künftig sogar 12 500 Becquerel erlaubt – ungefähr das Zwanzigfache des bisherigen Wertes. Mit einem Wort: skandalös!

Die Folgen in der Praxis

Das mit den Grenzwerten für Cäsium in der Nahrung war ja erst der Anfang. Es gibt da noch andere kleine Ungereimtheiten:

- Pflanzliche Nahrungsmittel enthalten das gefährliche Zellgift Glyphosat aus Unkrautvernichtungsmitteln in einer Menge, die alle bisherigen Grenzwerte überschreitet? Kein Problem, hoch mit den Grenzwerten! Und dabei sollte man keinesfalls kleckern, lieber klotzen: rauf damit von ehemals 0,1 mg/kg auf 20 mg/kg, das ist ja nur die zweihundertfache Menge! Die Nahrungsmittelindustrie sprüht, der Bürokrat genehmigt. In Argentinien soll es zu massenhaften Missbildungen bei Kindern durch Glyphosat gekommen sein. Argentinier – kennt man ja, alles Weicheier und Jammerlappen! EU-Bürger halten da viel mehr aus.
- Pestizid-Rückstände in Lebensmitteln? Das konnte doch nur passieren, weil irgendwann in der Vergangenheit irgend-

welche allzu empfindsamen und weltfremden Ökotraumtänzer völlig falsche Grenzwerte festgelegt haben. Hoch damit um das bis zu Tausendfache!

- Hat jemand irgendetwas gegen die Vermarktung von geklonten Tieren und ihren Produkten? Die EU räumt alle Bedenken aus – mit einem einzigen Federstrich. Die Konzerne klonen um die Wette, die EU-Gesundheitsminister stimmen zu – bis auf den von Griechenland. Aber die können ja eh nur Schulden machen ...
- Sollte man Genmais oder andere Segnungen der industriellen Vermarktungskreativität zulassen? Aber sicher doch! Allergien? Dagegen gibt es doch Medikamente. Alles erlaubt, und der Supermais 1507 ist erst der Anfang. Der Fortschritt wird sich durchsetzen, auch wenn Deutschland dagegen ist.

Angst und bange kann einem EU-Bürger bei den Plänen der EU-Kommission zum Thema Atomkraft werden: Tschernobyl, Fukushima und nichts dazugelernt. Allen Ernstes, die EU-Kommission denkt über neue Kernkraftwerke europaweit nach und träumt von einer strahlenden Zukunft mit 104 Gigawatt Energie aus Uran und Plutonium. Polen baut an sechs neuen AKWs, die Tschechen brauchen vier neue Meiler. Im »Referenzszenario 2013« der EU-Kommission werden die Tempel des strahlenden Todes zum Rückgrat der neuen Klimaschutzziele der EU hochgelogen. Die Kostenkalkulationen für die Atomenergie sind unglaublich niedrig und aus der Luft gegriffen, die alternativen Energien werden kaputtgerechnet. Folgekosten werden schlicht vergessen (die zahlt ja ohnehin der Steuerzahler), und auch die Tatsache, dass es weder Technologie noch Standort für eine Endlagerung von Atommüll gibt, wird schlicht ignoriert.

Bleibt zu hoffen, dass ein kräftiger Südwind herrscht, wenn einst eines der belgischen AKWs in Doel oder Tihange in die Luft fliegt, damit das Parlament in Brüssel eine ordentliche Ladung abbekommt. Mal schauen, wie hoch sie dann die Grenzwerte ansetzen.

Heilpflanzenverbot? Alles Quatsch!

Nach dem vorangegangenen Kapitel sind die Erwartungen an EU-Richtlinien sicher nicht mehr allzu hoch. Kein Wunder, dass ein bürokratisches Monster wie die

RICHTLINIE 2004/24/EG DES EUROPÄISCHEN PARLAMENTS UND DES RATES vom 31. März 2004 zur Änderung der Richtlinie 2001/83/EG zur Schaffung eines Gemeinschaftskodexes für Humanarzneimittel hinsichtlich traditioneller pflanzlicher Arzneimittel

dann auch auf alles andere als Begeisterung stieß und die Freunde und Anhänger alternativer Medizin geschockt waren. Diese Regelung komme einem Verkaufsverbot für Heilpflanzen gleich, hieß es von den Kritikern der Richtlinie und Anhängern der Alternativmedizin. Die Europäische Union zwingt seither den Herstellern natürlicher Pflanzenpräparate ein neues Prüfungsverfahren auf, welches sie sich nicht leisten können, weil es zwischen 90 000 Euro und 170 000 Euro kostet. Die EU arbeitet hier also ausschließlich den großen Pharmakonzernen in die Hände! Wer hätte das gedacht …

Die Folgen in der Praxis

Über 100 000 Menschen unterschrieben eine Petition gegen etwas, das letztlich gar nicht eintreten würde, ja, gar nicht eintreten konnte, denn besagte Richtlinie regelt zwar einiges, aber nicht das, was ihre Kritiker befürchteten. Durch Kettenbriefe und wilde Postings in Foren wurde dennoch verzweifelt versucht, Gegenwehr zu organisieren. Die besagte Petition sollte die neue EU-Richtlinie verhindern, Naturheilmittel und Heilkräuter sollten weiterhin frei und ohne Zulassung verkauft werden dürfen.

Nein, es gelang trotz alledem nicht, die EU-Richtlinie 2004/24/EG zu verhindern. Sie wurde 2005 mit der 14. Novelle des deutschen Arzneimittelgesetzes in nationales deutsches Recht umgesetzt und schlägt sich dort in den Paragraphen 39a-d und 141 AMG nieder.

Das Kuriose daran ist: Sie musste auch gar nicht verhindert werden. Im Arzneimittelgesetz geht es um ... na, worum geht es da wohl? Arzneimittel, richtig! Andere Dinge wie etwa Lebensmittel, Medizinprodukte oder Kosmetika zählen aber eben nicht zu den Arzneimitteln. Kamillentee und Aufgüsse aus anderen Kräutern gehören ebenso wenig dazu wie Hautsalbe mit Nachtkerzenöl oder ein Kräuterbad.

Der Wirkungskreis der Richtlinie ist aber noch weiter eingeschränkt: Unter den Arzneimitteln gilt sie nur für sogenannte Fertigarzneimittel, die von der Industrie hergestellt und verpackt geliefert werden. Nicht einmal die Arzneien, die der Apotheker im Hinterzimmer zusammenmischt, sind von ihr betroffen. Sie müssen weder zugelassen noch sonst wie von der Europäischen Union genehmigt werden.

Noch weniger betroffen sind Kräuter aus Garten und Wiese – oder wachsen bei Ihnen Fertigarzneimittel aus dem Boden? Sie können sich auch weiterhin ganz nach Belieben mit Salbei und Thymian heilen oder mit Finger- und Eisenhut vergiften, wie es Ihnen vorschwebt – die Europäische Union sagt erstaunlicherweise nichts dazu.

Viel Lärm um nichts also. Es handelt sich um einen der seltenen Fälle, in dem die EU etwas Sinnvolles in Angriff genommen hat und maßvoll und sachlich angemessen reguliert hat. Leider hat dies nur niemand begriffen. Und da, liebe Brüsseler Paragraphenhengste, mangelt es wohl offenbar an verständlicher Kommunikation zwischen Bürger und Bürokrat!

Perspektiven für den Wunderheiler EU

- Die wunderbar wuchernden Grenzwerte für Fukushima und andere Katastrophen müssen ständig und klammheimlich den neuen Gegebenheiten angepasst werden, ohne dass Millionen von EU-Bürgern dadurch in Panik geraten. Das hat die EU-Kommission mit ihrem Apparat bisher mühelos geschafft – also weiter so! Super-GAU in Cattenom? Der EU-Grenzwert richtet's schon!
- Die total unverständliche Humanarzneimittel-Richtlinie zeigt eine Möglichkeit für EU-Bürokraten auf, die kritische Energie von EU-Bürgern wirkungslos verpuffen zu lassen. Während sich die üblichen Verdächtigen (kennt man ja, die Chaoten) über irgendeinen aufgebauschten Popanz aufregen, regelt die EU hintenherum die wirklich wichtigen Dinge: Genfood, Atomkraft-Revival, TTIP, ohne dass sich irgendwer darüber aufregt.

- Man könnte also weiter dafür sorgen, dass EU-Bürger über Fahrstühle in den Weinkellern und schwefelgelbe Rettungswagen für ganz Europa nachdenken, statt zum Beispiel die EU-Kommission einer wirklich funktionierenden demokratischen Kontrolle zu unterwerfen oder die nutzlose Verschwendung von EU-Subventionen zu unterbinden.

Fakt oder Fake?

Das fragt man sich schon manchmal, wenn gerade wieder ein neues Bündel EU-Gesetze in der Fachpresse (*Bild* u. Ä.) besprochen wird. Immer wieder versuchen Journalisten uns mit neuen bürokratischen Sensationen zum Kauf ihres Blattes zu bewegen – und wir kaufen auch noch. Mal schauen, welchen Schlagzeilen Sie im Folgenden auf den Leim gehen …

Nein, keine Angst, die Damen und Herren in Brüssel begeben sich immer mit dem gebotenen Ernst an die Sachfragen heran. Das wird alles nur von der Journaille hochgepusht bzw. in den Dreck gezogen. Sie erkennen sicher sofort, was echt und was frei erfunden ist, oder?

Schnürsenkel? Nicht in der EU!

Jetzt kommt die große Zeit von Slippern und Klettverschluss am Schuh: Ab 2016 verbietet die EU nämlich die Schnürsenkel – endlich mal ein sinnvoller Schritt. Laut einer Studie des Forschungsinstituts FORSA sind satte 87 % der EU-Bürger nicht in der Lage, sich selbst die Schuhe im vorgeschriebenen Zeitraum von max. 24,5 Sekunden zu binden – ein Missstand, den die Beamten unbedingt beseitigen wollen. Bundesbürger erreichen nur eine Durchschnittszeit von etwa zwei Minuten. Das ist teure Zeitverschwendung und außerdem sehr gefährlich. Zeitverschwendung, weil es auch während der Arbeitszeit geschieht und das Bruttosozialprodukt jährlich um geschätzte 7,2 Millionen Euro schmälert. Gefährlich, weil falsche Schnürtechniken zur Anwendung kommen.

Anders als im 1993 erschienenen EU-Leitfaden »Bindung, Schnürriemen, Schuhe«, in dem der sogenannte Hellebardenknoten empfohlen wurde, basteln Bundesbürger am Schnürsenkel mit eigenen, unzureichenden Techniken herum. Die Folge: Unfälle durch Stolpern (17 020 Fälle, 2011) und Stürze, zum Beispiel auch durch das Verheddern der Schnürsenkel in Fahrradketten (14 399 Fälle, 2011).

Ein weiteres Gefahrenpotenzial liegt darin, dass Schnürsenkel unbemerkt miteinander verknotet werden. Dieser gefährliche »Scherz«, meist von Mitschülern und Arbeitskollegen begangen, führte ebenfalls zu Unfällen (928 Fälle, 2011), darunter auch 112 Selbstverknotungen in Ostfriesland. Gründe genug also für ein europaweites Schnürsenkel-Verbot. Die EU-Kommission erwägt zudem, schon allein den Besitz, aber auch das massenhafte Horten von Schnürsenkeln unter Strafe zu stellen.

Die Folgen in der Praxis

Der Interessenverband CCC (Converse Chucks Connection) erwägt auf seiner nächsten CCC (Converse Chucks Convention), zu Massenprotesten in allen europäischen Hauptstädten aufzurufen. Der Vorsitzende des Interessenverbandes, ein gewisser Chuck Converse, sagte vor Pressevertretern: »Nur Gefangene in den Kerkern von Despoten tragen Schuhe ohne Schnürsenkel! Zur Not ziehen wir auch vor den Gerichtshof für Menschenrechte.«

Endlich: Leinenzwang für Hauskatzen!

Sie ahnen nichts, denken an nichts Böses, doch die Katastrophe nimmt bereits ihren Lauf: Ihr Haustier ignoriert die Straßenverkehrsordnung, weigert sich, Ihren Befehlen zu folgen, rennt kopf- und kurz darauf auch schwanzlos über eine vierspurige Autobahn, drei Tankwagen und ein Militärtransporter mit neuen Leopard-Panzern kommen ins Schleudern und verursachen den aberwitzigsten Massenunfall aller Zeiten mit astronomischer Schadenssumme. Versicherungsvertreter schildern dieses Szenario besonders gern, um Haftpflichtversicherungen für Haustiere zu verkaufen. Ähnliche Zustände mögen EU-Kommissare vor Augen gehabt haben, als die Idee mit dem Leinenzwang für Hauskatzen geboren wurde. Die EU-Richtlinie 2014/47/EG soll ab dem 1. Januar 2016 festlegen, dass Hauskatzen …

… an einer Leine zu führen sind, sobald sie den angemieteten oder Eigentumswohnraum ihres Halters oder ihrer Halterin verlassen, auch dann, wenn dies nur zum Zwecke kurzzeitiger Verrichtungen wie etwa das Absetzen von Kot geschieht.

§ 23 derselben Richtlinie bestimmt:

Eine der Richtlinie entsprechende Katzenleine besteht aus textilem Material oder aus einem Kunststoff, der einem Zug von mindestens 50 Kilopond/m standhält sowie bissfest gemäß § 12 Abs. 5 der EU-Kampfhundeverordnung ist. Das Griffstück für den Halter sowie das Befestigungsstück für das Halsband der Hauskatze sollte aus sortenreinem Kunststoff bestehen. Die behördlichen Anforderungen an dieses Halsband sind unter § 27 Abs. 2 erläutert.

Die Folgen in der Praxis

Endlich ist Schluss mit freilaufenden Schrumpftigern im öffentlichen Raum! Das meint nicht nur »Er will doch nur spielen e. V.«, der Verein völlig friedlicher Kampfhundebesitzer, sondern auch die Bürgerinitiative »Maus ins Haus – rettet die Hausmaus!«.

Skeptisch und völlig überraschend äußerte sich auch der Verband der China-Imbiss-Betreiber. Die Gastronomen lehnen die Regelung ab, weil sie eine mögliche Verarmung der Gastronomie im öffentlichen Raum befürchten.

Unmenschlich: Apfelschnecken verboten!

Etliche ausgewilderte exotische Arten verfälschen die saubere EU-Natur, darunter der Waschbär, der Marderhund und die Schnappschildkröte. Wohl von der Schnappschildkröte gebissen worden sind auch EU-Beamte, als sie die bei Aquarianern ausgesprochen beliebte Apfelschnecke auf die Liste der verbotenen Arten setzten und auch gleich ihren Besitz für illegal erklärten: Seit dem 8. November 2012 gilt ein Importverbot für Apfelschnecken der Gattung Pomacea in die EU, weil einige Millionen ausgewilderte Exemplare sich im spanischen Ebrodelta, wie es so ihre Art ist, an Reis dumm und dämlich gefressen haben.

Die netten Schleimklumpen mit den kugeligen Häuschen obenauf dürfen künftig weder eingeführt noch gehandelt, noch besessen oder gezüchtet werden. Um nicht in die Illegalität abzugleiten, stand vielerorts für zahllose Besitzer die Trennung an. Es müssen sich im fahlen Licht der Aquarienbeleuchtung grausame und auch herzzerreißende Szenen zwischen Mensch und Schnecke abgespielt haben.

Die Folgen in der Praxis

Apfelschnecken wurden von ihren Herrchen und Frauchen erschossen, erwürgt, vergiftet oder in Stücke geschnitten, weil ihre Besitzer die Knute des Gesetzes fürchteten. Einige sollen auch gekocht oder gegrillt und mit Knoblauchsauce verspeist worden sein.

Bis in die Presse schaffte es der Fall von Schnecke Gitta, einem besonders hübschen und wohlgeformten Exemplar ihrer Art, deren Besitzer Hein Evers sie bis aufs Blut verteidigte und lieber gemeinsam mit ihr in der Unterwelt von Sankt Pauli untertauchte, als von ihr zu lassen. Wenn man Glück hat und einen diskreten Tipp aus dem Milieu bekommt, kann man ihn und seine Schnecke vielleicht nach Mitternacht im Tropicana Club erleben …

Vorbildlich: Ausbildungszwang für Aquarianer

Von der Schnecke zum Fisch: Stete Besorgnis ist das Grundgefühl der EU-Kommission, die stete Besorgnis, dass der einfache EU-Bürger ohne sie sein Leben nicht zu meistern in der Lage sein könnte. Aus purer Sorge um die artgerechte Haltung von Aquarienfischen arbeitet die EU-Kommission daher zurzeit am Entwurf einer Richtlinie, in welcher die Soft Skills festgelegt werden, die ein Aquarianer vorweisen muss, um den »Grundlegenden Befähigungsnachweis zur Haltung von Aquarienfischen und Terrarientieren« zu erhalten. Teile eines ersten Entwurfs – die Anatomieprüfung – wurden vermittels dunkler Kanäle an die Presse weitergeleitet, die natürlich sofort den diskreditierenden Begriff »Goldfisch-Führerschein« kreierte und lancierte. Der portugiesische EU-Kommissar Carlos Peixe kommentierte diese Tatsache mit den Worten: »Ob ein solcher Befähigungsnachweis sinnvoll ist, fragen Sie mich? Es gibt in Europa Menschen mit einem Aquarium, die wissen nicht einmal, wo bei einem Kanarienvogel hinten und vorn ist!«

Die Folgen in der Praxis

Auf jeden Fall sollen Aquarianer in spe künftig beim Kauf eines Beckens mit über fünfzig Liter Inhalt oder beim Erwerb von Fischen, Krustentieren oder Schnecken besagten »Grundlegenden Befähigungsnachweis zur Haltung von Aquarienfischen und Terrarientieren« vorlegen müssen sowie eine Bescheinigung unterschreiben, in der sie zusichern, die erworbenen Gegenstände oder Tiere nicht als Zwischenhändler weiterzuveräußern oder illegal als Lebensmittel zu nutzen, d. h. sie weder zu kochen, zu braten, einzulegen oder in sonstiger Weise für den menschlichen Verzehr zuzubereiten. Auch der Rohverzehr als Sushi ist für alle aquarientauglichen Tiere untersagt.

Unsere Meinung hierzu: Endlich haben auch unsere bisher stummen tierischen Zeitgenossen, die unter Wasser leben, eine eigene Stimme in Europa!

Dem demographischen Wandel sei Dank: Der Führerschein für Rollatoren kommt!

Nachdem es in europäischen Altenheimen immer wieder zu Unfällen mit Rollatoren, ja sogar zu Massenkarambolagen gekommen ist, bei denen besonders ältere Mitbürger, aber auch das Pflegepersonal in Mitleidenschaft gezogen wurden, bereitet die EU-Kommission nun eine Führerscheinprüfung für Rollatoren vor. Geprüft werden sollen sowohl die Standfestigkeit am Rollator, die Reaktionszeit bei plötzlich auftauchendem Gegenverkehr als auch der minimale Kurvenradius auf unterschiedlichen Bodenbelägen. Ebenfalls im Gespräch ist ein Rollatoren-TÜV, der sicherstellen soll, dass im Einsatz befindliche Rollatoren über funktionierende Bremsen sowie eine ausreichende Beleuchtung und Bereifung verfügen. Auch sollen dadurch manipulierte oder getunte Rollatoren aus fragwürdiger Quelle in Fernost rechtzeitig aus dem Verkehr gezogen werden. Ferner sind eine Versicherungspflicht sowie eine Altersbegrenzung für den Ersterwerb des Rollatoren-Führerscheins (fünfundsechzig Jahre) im Gespräch. In Ausnahmefällen sollen Sonderregelungen erlassen werden, welche den Besitz und das Führen eines Rollators bereits ab dem fünfundfünfzigsten Lebensjahr möglich machen.

Die Folgen in der Praxis

Die Senioren-Fraktion des EU-Parlaments begrüßte das Vorgehen und stellte sich für eventuell notwendige Tests zur Verfügung. Für den Tag der Ratifizierung planen die Kollegen einen feierlichen Rollator-Korso vor dem Parlamentsgebäude.

Anschließend ist zur Feier des Tages ein Rollator-Rennen durch die abgesperrte Rue Wiertz, die Rue Belliard und rund um den Leopold-Park geplant.

Sagen Sie mal – geht's noch? Das kann doch nicht sein ... Ihnen ist bis jetzt nicht aufgefallen, dass vier der letzten fünf EU-Schandtaten reine Erfindung, also erstunken und erlogen waren? Bei welcher es sich um die einzig wahre handelt, wollen Sie gerne wissen?

Die Apfelschnecken-Story.

Bedeutende Männer und Frauen regieren Europa

Genug mit dem EU-Alltag – Verordnungen, Richtlinien, Bestimmungen, Erlasse ... das alles soll hier nun nicht weiter Thema sein. Es soll hier auch nicht um die Abgeordneten gehen, die bei einer wichtigen Abstimmung schon einmal den falschen Knopf gedrückt haben, wie sie nachher offenherzig der Presse mitteilten. Der beliebte Spruch »Hast du einen Opa, schick ihn nach Europa« erklärt vieles, Grenzdebilität ist eben kein Hinderungsgrund für eine Karriere in Brüssel. Alles andere wäre ja auch Diskriminierung.

Auch die Herren aus Tschechien (Miloslav Ransdorf) und Italien (Raffaele Baldassarre), die einen niederländischen Journalisten verprügeln wollten, weil er sie wohl bei der Erschleichung von Sitzungsgeld ertappt hatte, stehen hier nicht ein zweites Mal im Fokus. Schließlich sind sie nur zwei von wie vielen vom Volke gewählten Betrügern. Das kennt man ja, insbesondere auf den eigenen Vorteil bedachte Politiker, so etwas ist mittlerweile nicht einmal mehr von besonderem Unterhaltungswert.

Auch aufrechte Männer wie Martin Schulz (SPD), für seine Streitlust bekannt und deswegen wahrscheinlich aus dem Bundestag nach Brüssel weggelobt worden, wie einige geschwätzige Quellen behaupten, der es dort dann bis zum Präsidenten des Europaparlaments schaffte, sollen an dieser Stelle nicht vorgeführt werden. Das können sie selbst besser.

Thema sollen jetzt die ganz Großen sein, oftmals einmalige Menschen, welche unsere Zeit, das 21. Jahrhundert, prägen – möglicherweise das Centennium der institutionalisierten Vorteilsnahme und Verblödung. Diese Politiker leisten Besonderes für die Europäische Union – weniger in Bezug auf Politik und Gesetzgebung als zur Unterhaltung jedes einzelnen EU-Bürgers, sei es auf der humoristischen, kriminellen oder auf der Horror-Schiene.

Übrigens: Von den rund 750 Abgeordneten im Europäischen Parlament 2014 vertreten knappe 100 Deutschland ...

Hitliste der EU-Superstars

Platz 1: George Becali – der rumänische Abgeordnete war 2012 mit einer Fehlquote von 73 % der faulste Volksvertreter im EU-Parlament, wie das Transparenz-Netzwerk votewatch.eu herausfand.

Platz 2: Brian Cowley – der Ire belegt mit einer Fehlquote von 56,2 % – er nahm nur an 60 von 137 Parlamentssitzungen teil – Platz 2 unter den Faultieren.

Platz 3: Amalia Sartori – die italienische Sprecherin des Ausschusses für Beschäftigung und soziale Angelegenheiten hatte 2013 das Vergnügen, den Plan einer »EU-Lebenszeitrichtlinie« zu verkünden: Alle EU-Bürger sollen künftig gleich alt werden, und vor allem soll der diskriminierende Unterschied zwischen Männern und Frauen (Männer sterben in zeitlicher Perspektive 15 % früher) endlich von Amts wegen aufgehoben werden. Vermutlich wird den Männern das frühere Sterben verboten.

Platz 4: Daniel Cohn-Bendit – der grüne EU-Abgeordnete erfreute die Europäische Union auf besonders delikate Weise: Die Diskussion über mögliche pädophile Neigungen, dokumentiert unter anderem in seinem Buch »Der große Basar« und diversen anderen Publikationen, erhitzte die Gemüter besonders in Wahlkampfzeiten. Zitat Cohn-Bendit 1982 in einer Talkshow im französischen Fernsehen: »... wenn ein kleines fünfjähriges Mädchen beginnt, Sie auszuziehen: Es ist großartig, weil es ein Spiel ist. Ein wahnsinnig erotisches Spiel.« Im Original bei YouTube anzuschauen. Natürlich distanziert er sich heute von allen Äußerungen dieser Art und vertritt weiterhin im EU-Parlament die Interessen aller EU-Bürger ... Meine allerdings nicht.

Platz 5: Bernd Schneider alias »LeBernd«. Dämmert Ihnen etwas? Dann spielen Sie sicher Quizduell, eines der erfolgreichsten Smartphone-Spiele aller Zeiten. Dort fand man den »EU-Parlamentarier Bernd Schneider« (nein, es ist nicht der Fußballer) im Februar 2014 laut *Bild* in der Rangliste von damals mehr als neun Millionen Mitspielern auf Platz 5. LeBernd ist in der Tat gut in dem Spiel – der Autor hat selbst einmal gegen ihn gezockt –, und das wohl auch, weil er gut im Training ist: Er sagt von sich, dass er am Tag etwa zwei Stunden spielt und dreißig bis vierzig Spiele macht – vor allem in der Mittagspause ... Die Frage, ob er in Brüssel sonst nichts zu tun hat, ist damit beantwortet. Rätselhaft ist allerdings, liebe *Bild*-Journalisten: In der Liste der EU-Parlamentarier vom April 2014 findet sich kein Bernd Schneider (vgl. http://www.europarl.europa.eu/meps/de/search.html) ...

Kreativer Journalismus? Auch der *Focus*, der in einem eigenen Artikel *Bild* als Quelle zitierte, fand es wohl nicht nötig, nachzuschauen. DIE LINKE hat zwar einen Mitarbeiter dieses Namens, aber man kann es ja so drehen, dass ein fauler Abgeordneter dabei herauskommt. Der *Spiegel* weiß es: LeBernd ist nicht Abgeordneter, sondern Referent im EU-Parlament.

Platz 6: Edmund Stoiber (CSU) – Ex-Ministerpräsident von Bayern, Mitglied im »Verein gegen betrügerisches Einschenken«, seit 2007 tätig als Leiter einer EU-Arbeitsgruppe zum Bürokratieabbau in Brüssel, erfreute schon als bayerischer Ministerpräsident die Welt durch seine rhetorischen Meisterwerke wie zum Beispiel die Transrapid-Rede, die wochenlang das gesamte Internet unterhielt.

Platz 7: Günther Oettinger (CDU) – EU-Kommissar für Energie, unterhält die Welt immer wieder mit seinen Reden in einer ganz neuen Sprache, dem unvergleichlichen Oetti-Englisch, auch Oettenglisch genannt, das sich schriftsprachlich leider noch immer nicht erfassen lässt, aber bei YouTube hinreichend dokumentiert wurde ... Empfehlung!

Platz 8: Silvana Koch-Mehrin (FDP) – die EU-Abgeordnete verschätzte sich nicht nur dramatisch vor laufender Kamera bezüglich der Staatsschulden, sondern war auch nicht in der Lage, ihre Doktorarbeit so ganz allein zu schreiben, wie Sie ja bereits wissen. Das hindert sie allerdings in keiner Weise daran, uns weiter in Brüssel als Abgeordnete zu vertreten. Jedoch glänzte sie im Petitionsausschuss eher mit Abwesenheit als mit überschäumender Aktivität, wie ARD-Journalisten herausfanden. Sie kassiert jeden Monat übrigens ungefähr 8000 Euro plus Zulagen für ihre großartigen Leistungen.

Platz 9: Olli Rehn – der Finne mit dem niedlichen Vornamen ist Währungskommissar und zugleich ein begeisterter Sparer, wenn es um das Wohl südlicher EU-Mitglieder geht. Seine politischen Gegner nennen ihn gerne einmal »Rehn of Horror« (in Abwandlung von »Reign of Horror«, du verstehen?).

Platz 10: Den Spruch hatten wir schon: »Hast du einen Opa, schick ihn nach Europa!« Dieser Rang wird nicht an einen einzelnen Abgeordneten, sondern an ein Land vergeben, weil Italien mit diesem Motto ernst macht: Es entsandte mit Ciriaco De Mita (*1928, Unione di Centro) und Giovanni Berlinguer (*1932, Partito Democratico) geballte Altersweisheit ins EU-Parlament. Eine Versammlung von Greisen ist in Brüssel allerdings heute nicht mehr wirklich zu finden: Das Durchschnittsalter der Abgeordneten lag 2014 bereits unter 50 Jahren.

Mon dieu, shocking! Die bizarrsten persönlichen Entgleisungen

Auch EU-Abgeordnete sind nur Menschen, die mal Fehler machen dürfen, meinen Sie? Schon, aber da diese Damen und Herren Europas Bevölkerung repräsentieren, sollten Sie schon einem gewissen ethischen und moralischen Standard genügen. Offenbar gehören aber alkoholische Entgleisungen, Beleidigungen, Schlägereien, Diebstahl und persönliche Bereicherung ebenfalls zum praktizierten Verhaltensrepertoire der Herrschaften in Brüssel und Straßburg, wie die folgenden Informationen belegen.

Mobbing?

Eine Mitarbeiterin der griechischen EU-Parlaments-Vizepräsidentin Anni Podimata verklagte ihre Chefin vor dem EU-Gerichtshof in Luxemburg, weil diese sie jahrelang gemobbt, schikaniert und verunglimpft haben soll. Podimata habe sie ständig ungerechtfertigterweise kritisiert und sogar in eine niedrigere Besoldungsgruppe zurückgestuft. Als die Frau diese Sachverhalte öffentlich machte, wurde die Mitarbeiterin kurzerhand entlassen. Das Urteil erging am 12. Dezember 2013 – das Opfer erhielt 50 000 Euro Entschädigung – vom EU-Parlament, nicht etwa von der Vorgesetzten – und wurde wieder eingestellt.

Beleidigung?

Jacek Protasiewicz, der polnische Vizepräsident des EU-Parlaments, ließ alkoholisiert am Frankfurter Flughafen seinen Vorurteilen gegen Deutschland freien Lauf: Er bedachte zwei Zollmitarbeiter mit Schimpfwörtern wie Nazi und Hitler und soll auch »Hände hoch!« und »Heil Hitler!« gerufen haben. Die Beamten nahmen ihn daraufhin fest, um seine Personalien zu ermitteln, und antworteten auf sein Verhalten mit einer Anzeige wegen Beleidigung. Später – vermutlich wieder nüchtern – entschuldigte sich Protasiewicz für sein Verhalten und trat von zwei Parteiämtern der liberalpolnischen Bürgerplattform PO zurück. Andere Politiker seiner Partei bezeichneten sein Verhalten als »kompromittierend für Polen«.

Alkoholprobleme?

Könnte es sein, dass das Luxemburger EU-Schwergewicht Jean-Claude Juncker ein Alkoholproblem hat? Immer wieder hört man, dass ihm eine Fahne vorausweht – aber nicht die europäische. Auch über Gin und Bier bereits zum Mittagessen wird berichtet. Quellen aus Geheimdienstkreisen haben Erkenntnisse über volltrunkene Exzesse und aus dem Ruder gelaufene Gespräche, in denen dann das Wort »ficken« gleich mehrfach gebraucht wurde. Der Journalist Pascal Steinwachs sagt im *Lëtzebuerger Journal* auf seine Weise, was zu sagen ist: Schelmische Zungen behaupteten, Juncker habe tatsächlich kein Problem mit Alkohol, nur ohne ...

Vetternwirtschaft?

Martin Schulz, Junckers Gegenkandidat, musste sich bei der Wahl zum Kommissionspräsidenten im Sommer 2014 mit Vorwürfen der Vetternwirtschaft auseinandersetzen. Der Haushalts-Kontrollausschuss der EU monierte im März 2014, der Deutsche habe fünf seiner engsten Mitarbeiter – die Namen sind der Presse bekannt – mit ausgesprochen gut dotierten Posten versehen. Markus Winkler, Herwig Kaiser, Maria José Martinez Iglesias, Alexandre Stutzmann und Lorenzo Mannelli können nun über Bezüge von 180 000 bis 200 000 Euro pro Jahr verfügen. Schulz bestreitet natürlich eine Bevorzugung, seine Mitarbeiter seien ganz normal befördert worden, was auch andere hochrangige Abgeordnete gebilligt hätten.

Der englische UKIP-Abgeordnete Nigel Farage wirft Schulz zudem vor, die EU-Verwaltung für seinen Wahlkampf zweckentfremdet zu haben.

Bestechlichkeit?

John Dalli, der aus Malta stammende Kommissar für Verbraucherschutz und Gesundheit, wurde im Oktober 2012 von EU-Kommissionspräsident José Manuel Barroso entlassen. Ermittlungen der Antibetrugsbehörde der EU (OLAF) hatten ergeben, dass Dalli im Mai 2012 von einer delikaten Offerte dem schwedischen Tabak- und Streichholzkonzern Swedish Match gegenüber gewusst haben soll. Ein Unterhändler soll angeboten haben, die Verschärfung der Tabakrichtlinie gegen die Zahlung einer erklecklichen Summe (Gerüchte nennen 60 Millionen Euro) im Sinne von Swedish Match günstig beeinflussen zu können. Swedish Match produziert vor allem das »rauchfreie Tabakprodukt« Snus, Lutschtabletten mit Nikotin, die in Schweden mit großem Erfolg vertrieben werden – 11 % der schwedischen Männer rauchen, aber 19 % konsumieren SNUS. Der Export der Nikotintabletten in andere EU-Länder ist jedoch verboten. Eine im Sinne der Firma geänderte Tabakrichtlinie hätte für Swedish Match einen riesigen neuen Markt bedeuten können. Eine direkte Beteiligung konnte OLAF dem EU-Kommissar indes nicht nachweisen, Dalli stellt sich als Opfer einer perfiden Strategie der Tabaklobby dar.

Dokumentierte Korruption?

Offenbar über beachtliche kriminelle Energie verfügt folgender Volksvertreter: Der rumänische Europa-Abgeordnete Adrian Severin, ehemaliger Außenminister und Vize-Ministerpräsident seines Landes, ließ sich im März 2011 von britischen Journalisten der *Sunday Times* bei einem Gespräch filmen, in dem er eine Beeinflussung der Gesetzgebung gegen Bargeld zusagte. Im Gegensatz zu den beiden anderen Beteiligten an dieser sogenannten Cash-for-laws-Affäre, dem Österreicher Ernst Strasser und dem Slowenen Zoran Thaler, blieb Severin aber im Amt. Im darauffolgenden Jahr soll Adrian Severin mit gefälschten Rechnungen EU-Fördergelder in Höhe von 400 000 Euro erschlichen haben. In Rumänien läuft ein Verfahren gegen ihn wegen Veruntreuung von EU-Geldern.

Freiheitsberaubung

Gegen den rumänischen EU-Parlamentarier George Becali gibt es Verdachtsmomente der Dokumentenfälschung und Bestechung. Um sich möglichen Ermittlungen zu entziehen, wechselte der daraufhin von Brüssel zurück ins rumänische Parlament. Er wurde aber im Februar 2013 wegen eines anderen Vergehens verurteilt: Als Diebe sein Luxusauto stahlen, wurde der EU-Parlamentarier handgreiflich und misshandelte die Täter, unterstützt von vier Leibwächtern, statt sie den Behörden zu übergeben. Das Urteil gegen Becali: dreieinhalb Jahre Haft wegen Freiheitsberaubung.

Betrug und Körperverletzung

Die Tätigkeit als EU-Abgeordneter soll keine finanziellen Einbußen nach sich ziehen. Deshalb erhalten alle Parlamentarier für jede Sitzung, bei der sie anwesend sind, ein Tagesgeld, das die Kosten für Unterkunft und Verpflegung für diesen Tag decken soll – rund 300 Euro. Mancher Abgeordnete erscheint aber nur kurz, meldet sich als anwesend und verlässt die betreffende Sitzung sofort wieder. Als der niederländische Journalist Tom Staal zwei EU-Parlamentarier zur Rede stellte, weil sie sich dieses Sitzungsgeld erschlichen haben sollen, machte sich der Tscheche Miloslav Ransdorf von der europäischen Linkspartei GUE, scheinbar bei seinem Frevel ertappt, aus dem Staub, der Italiener Raffaele Baldassarre von der Europäischen Volkspartei jedoch wurde handgreiflich, im Videoportal YouTube sauber dokumentiert. Später lieferte er gegenüber der Presse müde Ausreden für sein Verhalten.

Auch an anderer Stelle wurden die Betrügereien rund um das Tagesgeld dokumentiert: Einer britischen EU-Abgeordneten war aufgefallen, dass viele ihrer Kollegen und Kolleginnen am Freitagvormittag mit Koffern oder Reisetaschen im Registrierungsbüro erschienen, sich aber von dort aus dann direkt zum Bahnhof oder Flughafen chauffieren ließen, um ein verlängertes Wochenende mit zusätzlichem Taschen-, pardon: Tagesgeld zu verbringen. Sie prangerte daraufhin etwa sechzig ihrer Kollegen auf ihrer Homepage an und gab so manchem Bürger den Glauben an das Gute im Menschen zurück.

Was die EU unbedingt neu regeln sollte

Deutschland ist anderen europäischen Nationen in vieler Hinsicht voraus: Mit Bürokratie kennen wir uns seit Jahrzehnten, ja, seit Jahrhunderten aus. Königlich-bayerische Kanzleien und preußische Vollblutbeamte haben unser Leben geprägt. Heute haben wir Geld, Arbeit und fahren dicke Autos. Außerdem sind wir über alle Maßen von uns selbst überzeugt. Wir sind das leuchtende Beispiel für das restliche Europa. Warum also sein Licht unter den Scheffel stellen? Richtlinien und Regeln, die in Deutschland gelten, sollten auch anderen europäischen Nationen aufs Auge gedrückt werden. Warum soll es denen besser gehen als uns?

Aber natürlich könnten unsere eigenen Beamten auch über den Tellerrand schauen und Gutes aus anderen Ecken Europas durchaus wertschätzen. In einzelnen europäischen Ländern gibt es Richtlinien, Gesetze und andere zu amtlichen Urkunden geronnene Regelungen, welche die ganze EU ebenfalls übernehmen sollte.

Die Säulen der Zivilisation: Standfeste Grabsteine

Nehmen wir zum Beispiel die Friedhöfe Europas: Während in vielen deutschen Gemeinden ihre Haltbarkeit und Statik durch gewaltige Regelwerke festgelegt wird, wanken Grabsteine auf den Begräbnisfeldern im übrigen Europa ganz nach Gutdünken, einfach so, wie sie Lust haben. Nun könnte man einwenden, dass sie allenfalls Toten auf den bleichen Schädel fallen könnten, aber diese makabere Sichtweise ist dem engagierten Beamten fremd, und sie berücksichtigt zugegeben seltene, aber durchaus mögliche Sonderfälle nicht. Was, wenn ein Hinterbliebener, von Trauer übermannt, sich weinend auf das Grab wirft und dort vom umstürzenden Grabstein erschlagen wird? Nein, so geht das nicht.

In der Gemeinde Landsberg zum Beispiel ist die Stadtverwaltung als Trägerin der Friedhöfe durch die Friedhofssatzung verpflichtet, mindestens einmal im Jahr die Grabsteine auf ihre Standfestigkeit hin zu kontrollieren. Die Überprüfung wird jeweils in der Presse angekündigt, vermutlich damit interessierte Friedhofsbesucher den amtlichen Wackelversuchen am Grabmonument zuschauen können.

Beim Grabsteintest drückt der beamtete Sepulcrolithologe (Grabsteinkundler) am oberen Ende des Steins mit einer Kraft von mindestens fünfzig Kilogramm. Das Grabmal muss standhalten, ohne sich im Geringsten zu rühren. Wenn irgendwas wackelt oder wankt oder ein Grabstein wegen fehlerhafter Fundamente schräg steht, müssen die festgestellten Mängel vom Grabnutzungsberechtigten (der, welcher sich möglicherweise weinend auf das Grab werfen würde) unverzüglich behoben werden. Damit die Nachricht vom Wackeln eines Steins den richtigen Adressaten schnell erreicht, ist es den Nutzungsberechtigten freigestellt, bei der Überprüfung anwesend zu sein.

Ist das nicht eine Regelung von seltener bürokratischer Schönheit, die ganz Europa dringend übernehmen sollte?

Pustekuchen: Der Alkoholtester für alle

Alkohol am Steuer – ein Problem in ganz Europa. Es ist aber auch hart, stockbesoffen von der Kneipe nach Hause zu laufen. Überall auf unserem Kontinent fährt man hin und wieder bezecht, aber Frankreichs Gesetzgeber sahen das Problem als Erste und haben wirksame Gegenmaßnahmen beschlossen. Seit dem 1. Juli 2012 muss in jedem Kraftfahrzeug eine Flasche französischen Rotweins ... das hätten Sie wohl gern, nein, ein Einweg-Alkoholtester (»Ethylotest«) mitgeführt werden. Na toll, dann darf sich der Alkoholsünder auch noch gleich selbst überführen.

Vermutlich hat diese Maßnahme eine enorme erzieherische Wirkung und sollte allen europäischen Autofahrern zugutekommen. In den Niederlanden könnte man gleich noch einen Drogentest dazupacken. Wenn alles gut funktioniert, entziehen sich Europas Autofahrer künftig die Fahrerlaubnis selbst – vielleicht schon präventiv.

Stopp: Neue Halteverbotsschilder

In Griechenland gelten Halteverbotsschilder mit einer senkrechten Linie an Tagen mit ungeradem Datum, solche mit zwei senkrechten Linien an geraden Tagen. Diese Regelung sollte unbedingt differenziert und ausgeweitet werden. Schilder mit zwei waagerechten Linien gelten nur an ungeraden Donnerstagen, während solche mit diagonalen Linien nur an starken Gefällestrecken und Steilküsten gültig sind. Das Schild mit der Zackenlinie ist bloß am Nationalfeiertag gültig, das mit der Wellenlinie nur unter dem Einfluss von Ouzo, Retsina usw.

Und diese überzeugende Festlegung gilt dann für die ganze Europäische Union.

Blechen für den Staat: Bußgeld kreativ

Überhaupt haben die Griechen ganz tolle Ideen. Wer sein Bußgeld nicht innerhalb von zehn Tagen bezahlt, muss dort doppelt so viel hinblättern. Diese Regelung, auch auf den griechischen Steuerzahler und seine Steuerschuld übertragen, würde das Land vermutlich in ein paar Wochen sanieren. Die schöpferische Bußgeld-Regelung eignet sich aber auch für alle europäischen Steuerzahler, die dem Staat noch etwas zukommen lassen müssen. »Spätzahler« Hoeneß zum Beispiel hätte so einen schönen Batzen Geld in die öffentlichen Kassen gebracht. Seltsam, dass die EU zwar die Länge von Schnullerketten regelt, aber in Sachen Steuergerechtigkeit so erschreckend untätig bleibt.

Mit Griechenland konkurriert in Sachen Bußgeld Spanien: Dort bekommt 50 % Rabatt, wer sein Bußgeld innerhalb von fünfzehn Tagen zahlt. Das hat, wie wir wissen, Spaniens Staatshaushalt vollkommen ruiniert. Diese Regelung sollte die EU-Bürokratie umgehend abschaffen. In Deutschland leben ganze Dorfgemeinden von einem einzigen, gut platzierten Starenkasten – das sollte dann doch auch in Spanien möglich sein, liebe spanische Mitbürger in Europa! Rabatte sind da kontraproduktiv.

Kuriosa auf europäischen Straßen: Neue Strafen für Verkehrssünder

Wer in Italien ohne Helm Motorrad fährt, zahlt nicht nur eine Strafe, sondern ist seinen Hobel erst einmal für bis zu sechzig Tage los. Viele Anwohner von kurvigen Straßen in bergigen Regionen überall in Europa würden übrigens eine EU-Regelung begrüßen, die auch dann die Beschlagnahme des Motorrads erlaubt, wenn der Fahrer mit Helm fährt ...

Ebenfalls ein kreativer italienischer Vorschlag für eine EU-weite Regelung: Ab 1,5 Promille ist das Auto futsch, wenn der Fahrer auch der Halter des Fahrzeugs ist. Was mit den beschlagnahmten Autos geschieht? Keine Ahnung, das regelt dann bestimmt eine andere Vorschrift bis ins kleinste Detail.

In Österreich wiederum ist die Geschwindigkeitsschätzung von Autofahrern durch das »geschulte Amtsauge« erlaubt, wenn es um Geschwindigkeiten bis zu 30 km/h geht. »Amtsauge« ist dort vermutlich ein neuer Beruf. Warum sollten Nationen nicht voneinander lernen? Die EU sollte diese Regelung vor allem auf Ostfriesland übertragen, weil Österreicher und Ostfriesen sich schon immer sehr ähnlich gewesen sind. Das ideale Amtsauge für Ostfriesland wäre vielleicht Karl Dall.

Standlichtparken: Neue Beleuchtungsregeln für Automobile

In Polen muss man bei Dunkelheit mit Standlicht parken. Warum?, fragen Sie sich jetzt sicher interessiert. Ganz einfach: Das erleichtert dem dort sehr aktiven Berufszweig der Autodiebe das Auffinden wertvoller Fahrzeuge, weil diese sofort am Xenonlicht zu erkennen sind. Auch hier: europaweit einführen! Gestohlene Autos erhöhen den Umsatz der Automobilindustrie, sind also eine Art originelle Wirtschaftsförderung und können vielleicht den Absatzrückgang durch wirtschaftsschädigendes Car-Sharing ausgleichen helfen.

Tuuut: Es lebe die Hupe!

Ihr Leben ist langweilig, Ihnen fehlt es an Action? In der Türkei muss vor dem Überholen und vor Kurven grundsätzlich gehupt werden. Deshalb muss das Land unter dem Halbmond zwar nicht gleich in die Europäische Union aufgenommen werden, denn es gibt dort auch andere lokale Sitten, die nicht unbedingt europäischen Standards entsprechen. Derart sinnvolle Maßnahmen zur Verkehrssicherheit wie der genannte Hupzwang sollte man jedoch auch für Europa in Erwägung ziehen. Es ist ohnehin viel zu still in zahlreichen Regionen der Europäischen Union. Also schnellstens für etwas mehr akustisches Ambiente in allen 28 EU-Nationen sorgen und die türkische Regelung einführen! Hupen macht ja solchen Spaß! Die Automobilzulieferer könnten sich über einen schönen Aufschwung freuen. Dreiklanghörner, Melodiefanfaren, Gag-Geräusche – das ginge ab wie bei den Handy-Klingeltönen.

Akademiker? Na und?

Das Jobcenter der Gemeinde Osterode am Harz schlug am 1. April eine Maßnahme vor, die im Kampf gegen die Arbeitslosigkeit richtungsweisend für ganz Europa sein sollte: die

Dequalifizierung für Akademiker. Dahinter steht die Erkenntnis, dass es ausgesprochen schwierig sein kann, einen Job als Hilfsarbeiter auf dem Bau oder Lagerhelfer zu bekommen, wenn zwar ein Doktortitel oder akademischer Abschluss vorhanden ist, aber alle anderen spezifischen Qualifikationen fehlen, eine Sachlage, die in ganz Europa auftreten kann. Es kommt hinzu, dass es Akademikern im Regelfall nicht schwerfällt, sich selbst mit einfachen Werkzeugen wie Hammer und Maurerkelle lebensgefährlichen Schaden zuzufügen.

Diese Einstellungshürden beseitigt in Osterode ein Kurs, in welchem das Erlernen eines zielgruppenspezifischen Vokabulars und die Auswahl entsprechender Kleidung Lernziele sind. So wird den Bewerbern etwa der Umgang mit Trainingsanzügen aus Fallschirmseiden-Imitat und Billigbier in Plastikflaschen nahegebracht. Dadurch werden aus Akademikern wieder kernige Mitglieder der unteren Arbeiterklasse. Entsprechende Kurse für Frauen beinhalten eine Beratung bei Kleidung und Frisur (der sogenannte Schantalle-Look). Zum Beispiel wird dabei von kompetenten Friseurhelferinnen erklärt, wie man sich ohne fremde Hilfe eine Asi-Palme frisiert …

Kleiner Kontinent ganz groß: Die Fakten zur Europäischen Union

Apropos Schantalle:
Viel Kritik, wenig Hintergrundwissen?

Hier also die wichtigsten Informationen zur Europäischen Union – für alle Zahlenliebhaber und Oberlehrer. Für diese bietet das folgende Kapitel die Möglichkeit, ihr überragendes Wissen unter Beweis zu stellen. Halten Sie jeden Fehler, den Sie hier entdecken, bitte kurz schriftlich fest, und werfen Sie den Zettel dann einfach – nein, nicht in einen Briefkasten, sondern, Pardon!, am besten gleich in den Papierkorb. Denn auch die EU-Bürokratie produziert nicht nur jedes Jahr Hunderte von Erlassen und Verordnungen, sondern ebenso die dazugehörigen Interpretationshilfen: Durchführungsbestimmungen und -verordnungen, Sonderbestimmungen und Verfügungen. Es ist wie bei der Heisenberg'schen Unschärferelation in der Atomphysik: Das beschriebene Objekt verändert sich schon dadurch, dass Sie es beobachten ...

Das Monster mitten in Europa

Europa besteht aus 49 Staaten, und 28 davon hat sich das Bürokratie-Monster Europäische Union bereits einverleibt, im Jahre 2004 gleich zehn auf einmal: Estland, Lettland, Litauen, Malta, Polen, Slowakei, Slowenien, Tschechien, Ungarn und Zypern, 2007 Rumänien und Bulgarien und schließlich 2013

Kroatien. Von den 740 Millionen Europäern hält es schon mehr als 505 Millionen (Stand 1. Januar 2013) in seinen Klauen und saugt sie erbarmungslos aus. Etwa 80,777 Millionen (Stand 30. November 2013) der beklagenswerten Opfer sind deutsche Staatsbürger, darunter ungefähr 6,8 Millionen Menschen mit Migrationshintergrund, die irgendwann die Chuzpe hatten, einzuwandern.

Angezogen hat viele von ihnen vermutlich der relative Wohlstand in der EU, der Köder, den das Monster ausgelegt hat. Der durchschnittliche Europäer verdiente im Jahr 2010 etwa 23 000 Euro, Bulgariens Bürger indes, die auf der Länderliste unten rangieren, mussten sich im selben Zeitraum mit nur 3500 Euro durchschlagen. Die Bewohner Luxemburgs hingegen, Sitz des Rechnungshofs und des Gerichtshofs der EU, konnten 2010 volle 65 000 Euro verprassen.

Die EU-Bürokraten schöpfen in Ausübung ihres Jobs aus dem Vollen: Ihr Etat belief sich bei Veröffentlichung im Jahr 2014 auf ungefähr 142,6 Milliarden Euro, in Ziffern 142 640 500 000 Euro – im Durchschnitt wird jeder EU-Bürger also mit etwa 280 Euro zur Kasse gebeten. Allerdings ist diese Summe wenig aussagekräftig, denn die einen zahlen, die anderen nehmen, und mit 280 Euro gibt sich die EU im Falle Deutschlands natürlich nicht zufrieden, wenn das Bürokratie-Monster mit seinen gewaltigen Klauen in dessen Taschen langt. Doch dazu später mehr.

Die Ausgaben der EU verteilten sich für das Jahr 2013 wie im Folgenden angegeben. Die etwas eigenwilligen Bezeichnungen für die einzelnen Ausgabeposten stammen dabei von der EU selbst:

- 59,2 Milliarden Euro (41,6 %) für nachhaltiges Wachstum und natürliche Ressourcen – wenn man das so liest, könnte man glauben, die EU sei die allergrößte grüne Organisation überhaupt, Greenpeace dagegen ein unbedeutender Ökoladen im Szeneviertel.
- 47,5 Milliarden Euro (33,3 %) für den wirtschaftlichen, sozialen und territorialen Zusammenhalt – hatten Sie jetzt auch diese Assoziation, tauchte wie aus dem Nichts der Begriff »Schmiergelder!« in Ihrem Bewusstsein auf? Nicht? Dann glauben Sie wohl noch an die Europäische Union.
- 16,4 Milliarden Euro (11,6 %) gehen auf das Konto »Wettbewerbsfähigkeit für Wachstum und Beschäftigung« – wer von den Herren in Grau, die sich bereits in Banken und Konzernen die Taschen füllen, braucht noch etwas aus dem Subventions-Topf? Einfach mal in Brüssel oder Luxemburg anfragen!
- 8,4 Milliarden Euro (also »nur« etwa 5,9 %) des Kuchens umfasst der Posten für Verwaltung und Personal – das Monster weiß sich und alle seine Glieder zu versorgen, es lebt nicht schlecht.

Na ja, und dann sind da noch so ein paar kleinere Pöstchen, ein paar 100 Millionen hier, ein paar Milliarden da, denen man lustige Etiketten anheften kann, und auch diese Etiketten stammen von der Europäischen Union:

- 8,3 Milliarden Euro (5,8 %) für »Europa in der Welt« – wo sonst?
- 2,2 Milliarden Euro (1,5 %) für Sicherheit und Unionsbürgerschaft, Freiheit, Sicherheit und Recht
- 0,4 Milliarden Euro (0,3 %) für »besondere Instrumente«, vermutlich bürokratische Folterinstrumente

- 0,0286 Milliarden Euro (0,18 %) für »Ausgleichszahlungen« – was fließt denn da noch in irgendwelche Taschen?

Da etwa 55 000 Menschen für die Europäische Kommission und das Europäische Parlament arbeiten und das Monster am Leben erhalten, kostete 2014 jeder dieser Mitarbeiter etwa 152 820 Euro. Darunter befinden sich nicht zuletzt 6000 fest angestellte bzw. freiberufliche Dolmetscher, die verhindern sollen, dass die EU, wenn schon in einem bürokratischen, so doch nicht auch noch in einem sprachlichen Tohuwabohu versinkt.

Wer die EU nicht als Monster, sondern als einen Ort positiver politischer und administrativer Energie sehen will, kann sich also darüber freuen, wie kostengünstig doch Tausende und Abertausende von EU-Verordnungen und -Richtlinien zustande gekommen sind und noch zustande kommen werden.

Machen wir mal eine Milchmädchen-Rechnung auf: Pro Jahr erlässt die EU etwa 1000 Verordnungen und andere juristische Meisterwerke. Im Jahre 2013 waren es 1011 Verordnungen, 388 Änderungsverordnungen, 14 Richtlinien und 64 Änderungsrichtlinien.

Nehmen wir der Einfachheit halber einmal an, das EU-Parlament und all die Kommissionen und Ausschüsse haben es auf runde 1500 derartige Produkte gebracht. Der Etat der EU belief sich im selben Jahr, wie gesagt, auf 142,6 Milliarden Euro. Dann kostete der einzelne Rechtsakt die EU-Bürger doch »nur« etwa 95 Millionen Euro. Eigentlich recht günstig, wenn man dafür so Kleinodien wie die Schnullerketten-Verordnung oder die behördlichen Regelungen für die Pizza Napoletana bekommt ...

Noch ein Hinweis zur Präzision der hier genannten Zahlen: Wenn Sie sich auf die Suche nach Angaben über den EU-Haushalt machen, finden Sie mühelos mehrere Varianten mit unterschiedlichen Beträgen und Ressort-Angaben. Haushalte werden modifiziert, bei Statistiken kommt es auf die Perspektive und den Auftraggeber an. Das Endergebnis bleibt aber immer das gleiche: Das Geld von Europas Bürgern ist erst einmal futsch – 908 Milliarden Euro für den Zeitraum von 2014–2020.

Woher kommt das gute Geld?

Wie bereits offensichtlich, geht es bei der Europäischen Union vor allem um eines: um den Euro. Die einen wollen möglichst viele davon abbekommen; die anderen haben das Nachsehen und müssen zahlen.

Jedes Land erhält Zuschüsse und Unterstützungen aus dem EU-Haushalt – einige mehr, andere weniger. Und jedes Land zahlt in die Töpfe der EU ein – einige mehr, andere weniger. Wenn man Einnahmen und Ausgaben gegeneinander aufrechnet, kommt wie immer heraus: Die einen kassieren, die anderen blechen.

Wer zahlt?

Die einen haben es, die anderen nicht ganz so dicke. Gut, man hilft sich ja in einer Gemeinschaft. Wenn man allerdings die Summen und die Differenzen zwischen Geben und Nehmen betrachtet, kann einem schon schwindlig werden. Hier die Top Ten der Nettozahler. Das sind die Staaten, die mehr Geld einzahlen, als sie von der EU bekommen. Dabei geht es nicht um den einen oder anderen Euro, sondern um richtig dicke Summen. So zahlten für das Jahr 2012:

1.	Deutschland	11,95 Milliarden Euro
2.	Frankreich	8,23 Milliarden Euro
3.	Großbritannien	7,36 Milliarden Euro
4.	Italien	5,05 Milliarden Euro
5.	Niederlande	2,36 Milliarden Euro
6.	Schweden	1,92 Milliarden Euro
7.	Belgien	1,49 Milliarden Euro
8.	Dänemark	1,12 Milliarden Euro
9.	Österreich	1,07 Milliarden Euro
10.	Finnland	0,65 Milliarden Euro

(Quelle: statista.com)

Und wer kassiert ab?

Die folgenden zehn Länder kassierten im Jahr 2012 kräftig aus den EU-Töpfen:

1.	Polen	11,97 Milliarden Euro
2.	Portugal	5,02 Milliarden Euro
3.	Griechenland	4,54 Milliarden Euro
4.	Spanien	3,99 Milliarden Euro
5.	Ungarn	3,28 Milliarden Euro
6.	Tschechien	3,04 Milliarden Euro
7.	Rumänien	2,03 Milliarden Euro
8.	Slowakei	1,59 Milliarden Euro
9.	Litauen	1,51 Milliarden Euro
10.	Bulgarien	1,33 Milliarden Euro

(Quelle: statista.com)

Nun wissen Sie, liebe EU-Bürger, wohin Ihre schwerverdienten Steuergelder gehen. Und diese Zahlen erklären auch in einer deutlichen Sprache, weshalb manche EU-Bürger lieber heute als morgen keine mehr sein würden.

Apropos kassieren: Die Gehälter

Aber nicht nur Staaten können kassieren, auch EU-Bürokraten sind geübt im Einstecken größerer Summen. Was den Posten »Gehälter« angeht, so wissen die Damen und Herren in den unterschiedlichen Amtsstuben und Gremien sich schon zu versorgen – sehr gut zu versorgen. So mancher Bundesbürger, der sich bisher für einen Besserverdiener gehalten hat, wird bleich bei den folgenden Summen aus dem Jahr 2013:

- Die Grundgehälter für die 23 600 Beamten der EU-Kommission lagen zwischen 2654 und 18 371 Euro. Etwa 5000 Beamte erhielten monatlich fünfstellige Bezüge. Zu dieser kargen Bezahlung kamen eine Haushaltszulage zwischen 224 und 538 Euro und Kinderzulagen je nach Zahl der Kinder. Für zwei Nachwuchs-Eurokraten waren dies 745 Euro.
- Wer nun denkt, diese Bruttobeträge würden durch die anfallende Einkommensteuer deutlich vermindert, liegt falsch. Die europäischen Steuersätze für EU-Beamte liegen deutlich unter denen für uns gewöhnliche EU-Bürger. Ein Familienvater mit zwei Kindern zahlte 2013 gerade mal 1000 Euro im Monat – bei einem Grundgehalt von 10 000 Euro. Großverdiener jenseits der 18 000 Euro pro Monat kamen mit etwa 3800 Euro Steuern davon – ein Manager in einem deutschen Industrieunternehmen

hätte bei diesem Einkommen mehr als 6400 Euro an das Finanzamt abführen müssen. Übrigens auch ein deutscher EU-Abgeordneter, denn die werden nicht nach den europäischen Steuersätzen, sondern nach deutschem Steuerrecht veranlagt.

- Und die Sozialabgaben? Peanuts. Für die Kranken- und Unfallversicherung fielen 2013 monatlich zwischen 48 und 330 Euro an, in eine Rentenkasse gingen monatlich 308 bis 2131 Euro.
- Kurios: Für viele Beamte liegt das Nettogehalt wegen der günstigen Steuersätze und der reichlichen Zuschläge deutlich über dem Bruttoeinkommen. Gut 2500 EU-Beamte verdienen mehr als der britische Premierminister oder die Bundeskanzlerin.
- Von diesen fetten Einkünften werden EU-Abgeordnete aber doch sicherlich auch ihren Organisationsaufwand bestreiten müssen, oder? Keineswegs. Schon für Porto und Kopien stehen satte 4000 Euro im Monat zur Verfügung. Und damit er oder sie nicht allein arbeiten müssen, kann monatlich über bis zu 21 209 Euro für Gehälter verfügt werden. Das regelt Artikel 34 Abs. 4 der Durchführungsbestimmungen zum AbgSt (DfBestAbgSt). Dank dieser großzügigen Regelung kann zum Beispiel der rumänische EU-Abgeordnete George Sabin Cutas zwei Assistenten in Brüssel finanzieren – und 19 weitere Mitarbeiter in seinem Heimatland.
- Richtig gut haben es übrigens auch EU-Kommissare nach ihrem Ausscheiden. Sie erhalten über den Zeitraum von drei Jahren ein jährliches »Mindestsalär« von 180 000 Euro.

Nebenbei bemerkt – das Europäische Parlament erhöhte sich Anfang 2014 die Einkünfte um 0,8 Prozent. Nicht viel, denken Sie jetzt? Es handelte sich um eine rückwirkende Erhöhung aller Gehälter und Renten ab dem 1. Juli 2012 ...

Rechenkünstler: EU-Verschwendung zum Quadrat

Eigentlich sollten die EU-Abgeordneten die Interessen der Bürger aus den 28 Staaten der Europäischen Union vertreten, Gesetzesvorlagen bearbeiten, neue Bestimmungen prüfen und verabschieden sowie sinnvolle Richtlinien für ganz Europa formulieren. Stattdessen beschäftigen Sie sich aber immer wieder damit, unsere Steuergelder aus dem Fenster zu werfen ...

Der günstige Quadratmeterpreis

Die EU-Grenzschutzagentur Frontex, beheimatet im polnischen Warschau, wechselt am 1. Januar 2015 ihren Wohnsitz. Sie zieht aus dem Bürokomplex »Rondo 1« in den 2014 fertiggestellten »Warsaw Spire«, einen 220 m hohen Glaspalast, eines der höchsten Gebäude der polnischen Hauptstadt. Dort beziehen die EU-Bürokraten ein heimeliges Domizil mit etwa 14 600 m² Grundfläche, wie *The Warsaw Voice* schon im Dezember 2012 bekanntgab. Der offizielle Grund für den Umzug: der günstigere Quadratmeterpreis. Das Ergebnis der Aktion, wenn man die Größe des Büros in die Rechnung einbezieht: um 660 000 Euro höhere Mietkosten pro Jahr für die nächsten zehn Jahre.

EU vergibt Forschungsauftrag für eine Mundgeruch-Datenbank

Nein, allen Ernstes, das ist kein Scherz. Die EU-Kommission hat 2013 eine Ausschreibung für die Vergabe eines Forschungsauftrags zur Erstellung einer EU-weiten Datenbank für Atemrückstände in die Wege geleitet. Neben Fingerabdrücken und DNA sollen die oralen Ausdünstungen von Kriminellen und Terroristen bei der Fahndung nach ebendiesen helfen. Und wieder beweist sich: Forschung für die EU lohnt sich. 190 Millionen Euro warten darauf, von kompetenten Atemluft-Forschern kassiert zu werden. So ganz nebenbei sollen es die Erkenntnisse der Wissenschaftler auch erlauben, bei Katastrophen wie Grubenunglücken und Erdbeben Verschüttete zu finden, indem man nach ihren Ausdünstungen sucht. Den kritischen EU-Bürgern stellen sich zwei Fragen: a) Muss man das Katastrophenopfer erst identifizieren, bevor man es rettet? Und b) Duftet es nicht aus anderen Körperöffnungen deutlich intensiver als aus dem Mund?

Verschwendung in allen Sprachen?

Ausgerechnet der EU-Rechnungshof, ins Leben gerufen, um die Ausgaben der EU zu kontrollieren, gab durchschnittlich 246 Euro pro Seite für interne Übersetzungen aus. Zur vergleichbaren Feststellung der Kosten wurden die Ausgaben für die bei der Behörde beschäftigten Dolmetscher auf ihre Seitenleistung umgerechnet und in einem internen Papier dokumentiert. Eine Seite in Französisch schlug mit 341 Euro zu Buche, Lettisch war schon für 287 Euro pro Seite zu haben, Niederländisch konnte noch günstiger für nur 281 Euro übersetzt werden. Das Deutsche, mit 232 Euro je Seite recht preiswert, wurde lediglich noch von Spanisch geschlagen, das die EU-Kasse zum Schnäppchenpreis von 209 Euro pro Seite belastet.

Fragen über Fragen

Nach den Gerüchten und tatsächlichen Skandalen nun zu den Exzessen – und die spielen sich vor allem in der Kommunikation zwischen der EU-Kommission und den einzelnen Abgeordneten ab. Dazu muss man wissen, dass viele Abgeordnete des EU-Parlaments durchaus engagierte Politiker sind … Um gegebenenfalls korrekt im Sinne aller EU-Bürger zu entscheiden, müssen sie einfach alles wissen und stellen deshalb sich, der EU-Kommission und dem EU-Parlament Fragen – und die Anzahl dieser Fragen steigt von Jahr zu Jahr. Hier eine kleine bunte Auswahl:

- Robert Kilroy-Silk aus Großbritannien fragte: »Würden es die Mitglieder der Kommission als Teil ihrer Verantwortung und Rechenschaftspflicht gegenüber den Bürgern Europas ansehen, öffentlich zu erklären, ob sie jemals Cannabis oder illegale Drogen konsumiert haben?« Dieser Parlamentarier hält mit über 1000 Anfragen dieser Art übrigens einen Rekord hinsichtlich seines Engagements für Europa. Wie leicht hätte eine EU-Cannabis-Kontrollbehörde auf der Basis dieser Frage ins Leben gerufen werden können?!

- Mario Borghezio aus Italien fragte: »Der iranische Automobilhersteller ›Iran Khodro‹ (ein Partnerunternehmen von Renault) hat angekündigt, im Jahr 2011 ein neues

Fahrzeug mit religiösen islamischen Symbolen auf den Markt bringen zu wollen. Dieses Auto wird beispielsweise, wenn auch nur optional, mit einem Kompass ausgestattet sein, der in Richtung Mekka zeigt, und auch ein spezielles Fach eigens für den Koran haben. Es ist absehbar, dass dieses Fahrzeug nicht nur in den islamischen Ländern, sondern auch in der EU konkurrenzfähig sein dürfte. Hat die Kommission bereits Anfragen europäischer Automobilhersteller zum Erlass neuer Richtlinien erhalten, die die Ausstattung von Fahrzeugen mit Technologien zur Orientierung in Richtung Mekka ermöglichen? Sind an sie Aufforderungen ergangen, die auf Planeten ausgerichteten bestehenden Erkennungsgeräte so anzupassen und zu aktualisieren, dass sie ›islamische‹ Satelliten ansteuern? Welche Richtung wird die Kommission in diesem Fall vorgeben?« Hier handelt es sich um eine ausführliche und klar gefasste Frage nach wirtschaftlichen Erweiterungsmöglichkeiten, welche die EU-Kommission durch geeignete Vorgaben befördern könnte.

- Christopher Heaton-Harris aus Großbritannien fragte: »Wie viele Flaschen Wasser wurden von den Mitarbeitern der Europäischen Kommission im Jahr 2006 verbraucht?«

- Derselbe Abgeordnete wollte wissen: »Wie viele Flüge, Zugfahrten und Autofahrten wurden von den Mitarbeitern und Beratern der GD Umwelt in den Jahren 2004, 2005 und 2006 unternommen? Welche Maßnahmen wurden von der GD Umwelt als Ausgleich für die durch ihre Flüge, Zugfahrten und Autofahrten verursachten CO_2-Emissionen getroffen?« Von der Verantwortlichkeit des einzelnen Abgeordneten zu einer Regelung für alle – das ist der Weg.

- Auch deutsche Abgeordnete wollten da nicht hintanstehen, zumindest, was die Zahl der Anfragen angeht. Im Jahre 2009 hat jemand mitgezählt. Mitte des Jahres hatte Ingeborg Gräßle, EU-Abgeordnete aus Heidenheim, bereits achtzig Fragen gestellt, Daniel Caspary (CDU) war ihr zu diesem Zeitpunkt mit sechzig Fragen auf den Fersen, Franziska Brantner (Grüne) und Thomas Ulmer (CDU) brachten es auf jeweils sechsundvierzig schriftliche Anfragen. Bescheidenere Abgeordnete wie die Sozialdemokraten Evelyne Gebhardt (vierundzwanzig Fragen) und Peter Simon (ganze sieben Fragen) hielten sich zurück.

Erstaunlich oft ist es der einzelne Abgeordnete, der mit einer besonders kreativen Anfrage einen Stein ins Rollen bringt, der schließlich zur bürokratischen Lawine wird. Vieles verläuft aber (glücklicherweise) auch einfach im Sande.

Ob auf den ersten Blick epochal wichtig oder überflüssiger Kinderkram: Natürlich muss jede Anfrage von der EU-Kommission sorgfältig geprüft, inhaltlich bewertet und akribisch genau beantwortet werden, sie könnte ja, gut versteckt, eine administrative Perle beinhalten. So viel Akribie ist teuer, das kann schon mal zwischen 600 und 1400 Euro pro Anfrage kosten.

Erstaunlich übrigens, dass die Mitglieder der Kommission noch Zeit haben, andere bürokratische Aufgaben abzuwickeln. Bestrebungen, die Anzahl der Anfragen auf eine bestimmte Zahl zu begrenzen, dürften kontraproduktiv sein. Dann würde auch der Umfang neuer Regelungen und Bestimmungen schrumpfen – und wer will das schon?

Nachwort: Erweiterung tut not

Bis hierhin sind Sie also meinen Ausführungen über die EU und deren Errungenschaften gefolgt, nichts vermag Sie mehr zu erschüttern – und deshalb nähern wir uns nun auch dem Ende. Nicht dem Ende der EU, sondern der letzten Seite dieses Buches. Selbst bei einer sorgfältigen Recherche lassen sich keine weiteren nennenswerten Großtaten der EU-Bürokratie finden – jedenfalls keine solchen, die man als Durchschnittsbürger begreifen kann, ohne sich schwere Verrenkungen im Hirn zuzuziehen. Müssen wir also auf weiteres unterhaltsames Material aus Brüssel und Straßburg verzichten?

Eine Lösung dieses Dilemmas, die eine echte Chance auf weitere erheiternd-irrwitzige Produkte aus Papier eröffnet, könnte die EU-Erweiterung sein. Nein, nicht die Türkei ist gemeint. Nepal muss in die EU!

Braune Invasoren träumten einst vom Lebensraum im Osten, die EU reicht mittlerweile in dieser Richtung weiter als in deren kühnsten Vorstellungen. Doch nicht genug damit, 28 Mitglieder, das ist keine befriedigende Zahl. Erst wenn die Anzahl der Mitgliedsstaaten dreistellig ist, hat die Europäische Union die Größe erreicht, die ihrer Bedeutung entspricht. Und schon können ihre Parlamentarier und Bürokraten wieder spritzige Verordnungen, Richtlinien, Durchführungserlasse und Ausführungsbestimmungen für ein weiteres Buch produzieren.

Locken wir also auch exotische Beitrittskandidaten mit satten Subventionszahlungen in die Gemeinschaft! Mit Begeisterung würden vermutlich Abchasien, Bergkarabach, die Mongolei, die Seychellen und vielleicht auch noch Tuvalu beitreten. Wo das liegt? Ist doch egal! Günstig für das Schengen-Abkommen: Es gibt keine gemeinsamen Außengrenzen.

Übrigens: Ein recht exotisches Mitglied hat die Europäische Union bereits. Es handelt sich um die Insel Mayotte, Teil der Komoren zwischen Madagaskar und Afrika, 374 Quadratkilometer groß und Heimat von ungefähr 200 000 Europäern. Europäern? Ja, das schlaue Völkchen auf dieser Insel hat sich von Frankreich annektieren lassen und erhielt den Status einer Region in äußerster Randlage. So wurde die Insel offiziell Teil der Europäischen Union und hat jetzt nicht nur schöne Strände und gutes Wetter, sondern auch noch Geld aus Brüssel. Denn der österreichische EU-Kommissar Johannes Hahn hat mal vorbeigeschaut und festgestellt, dass hier ein paar Millionen aus Europas Kassen nicht schaden könnten …

Nur Bhutan oder Druk Yul, dem Land des Donnerdrachens, sollte man von einem Beitritt abraten. Sonst müsste die bisher glücklichste Nation auf diesem Planeten diesen Status wohl schnell ändern. Nein, liebe Drukpa (so nennen sich Einwohner des Landes Druk Yul), sprecht weiter Dzongkha und zahlt besser mit dem Ngultrum, der Euro macht euch garantiert nicht glücklicher …

Register